Silke Schmidt

TOTAL
AUFGERÄUMT

Dieses Buch gehört

....

dtv

Inhalt

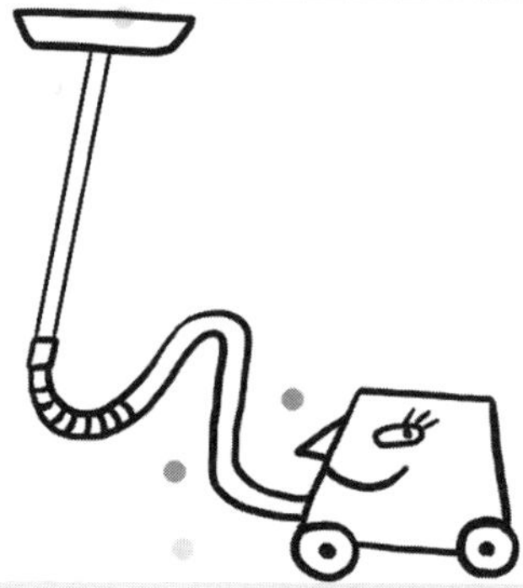

Tipps und Tricks

Aufbewahrung

Chaoszentren

Wohin mit dem alten Kram?

Mach's dir schön

Alles blitzsauber

Warum aufräumen?

Stolperst du manchmal über Dinge, die du auf dem Boden gestapelt hast?

Verbringst du jeden Tag Zeit damit, irgendetwas zu suchen?

Kannst du an deinem Schreibtisch nichts mehr basteln, weil alles vollgestapelt ist?

Dann ist es Zeit aufzuräumen.

Das Ziel:

- ★ ein Zimmer, in dem DU dich wohlfühlst.
- ★ ein Zimmer, in dem nicht 1000 Sachen rumstehen, die dir den Platz rauben um Sachen zu machen, die DIR Spaß machen.
- ★ und das Ganze genau nach DEINEM Geschmack – alle Tipps in diesem Buch dienen nur als Anregung!

LOS GEHT'S!

Für Eilige:

→ Turboaufräumen, S. 18

Für Gründliche:

→ Test: Welcher Aufräumtyp bist du?, S. 8

Test:

Welcher Ordnungstyp bist du?

SO GEHT'S:

Lies die Sätze auf der nächsten und übernächsten Seite.
Kreuze JA an, wenn die Aussage auf dich zutrifft.
Zähle dann auf jeder der beiden Seiten, wie oft du JA angekreut hast, und schreibe die Zahl in den Kreis.

Fragebogen 1

Nicht alle Sachen in meinem Zimmer haben einen festen Platz.	JA / NEIN
Ich finde es praktischer, nicht alles immer gleich wegzuräumen, das spart mir viel Zeit!	JA / NEIN
Oft muss ich Dinge suchen.	JA / NEIN
Bei einigen Schachteln in meinem Zimmer weiß ich nicht, was drin ist.	JA / NEIN
Wenn ich mehr Regale und Schränke hätte, wäre mein Zimmer total ordentlich.	JA / NEIN
Manchmal vergesse ich, wo ich etwas hingelegt habe.	JA / NEIN
Solange ich Platz im Schrank habe, muss ich nichts aussortieren.	JA / NEIN
Ich kann nicht auswendig sagen, wo sich was in meinem Zimmer befindet.	JA / NEIN
Manchmal finde ich Socken in meinem Kleiderschrank, die mir gar nicht mehr passen.	JA / NEIN
Ich finde, Sachen sollten eher schön als praktisch sein.	JA / NEIN

JA-Antworten Fragebogen **1** ◯

Fragebogen 2

Ich gehe gerne shoppen. Irgendeine Kleinigkeit finde ich immer.	JA / NEIN
Ich werfe nicht gerne Dinge weg.	JA / NEIN
In meinen Regalen und Schränken ist nicht mehr viel Platz.	JA / NEIN
Ich mag Gratis-Pröbchen und Geschenke.	JA / NEIN
Auf dem Flohmarkt finde ich immer irgendwas.	JA / NEIN
Ich habe immer einen Vorrat an Stiften und Heften.	JA / NEIN
Manchmal kaufe ich mir Sachen, die ich so ähnlich schon habe.	JA / NEIN
Ich finde es schön, immer modische Sachen zu tragen.	JA / NEIN
Manchmal liegen mehr Sachen vor meinem Kleiderschrank als in meinem Kleiderschrank.	JA / NEIN
Viele Sachen werfe ich nicht weg, weil man sie später noch einmal gebrauchen kann.	JA / NEIN

JA-Antworten Fragebogen **2** ◯

Kreise nun auf der Skala ein, wie oft du JA angekreuzt hast.
Welches Feld liegt zwischen deinen beiden Kreisen? *

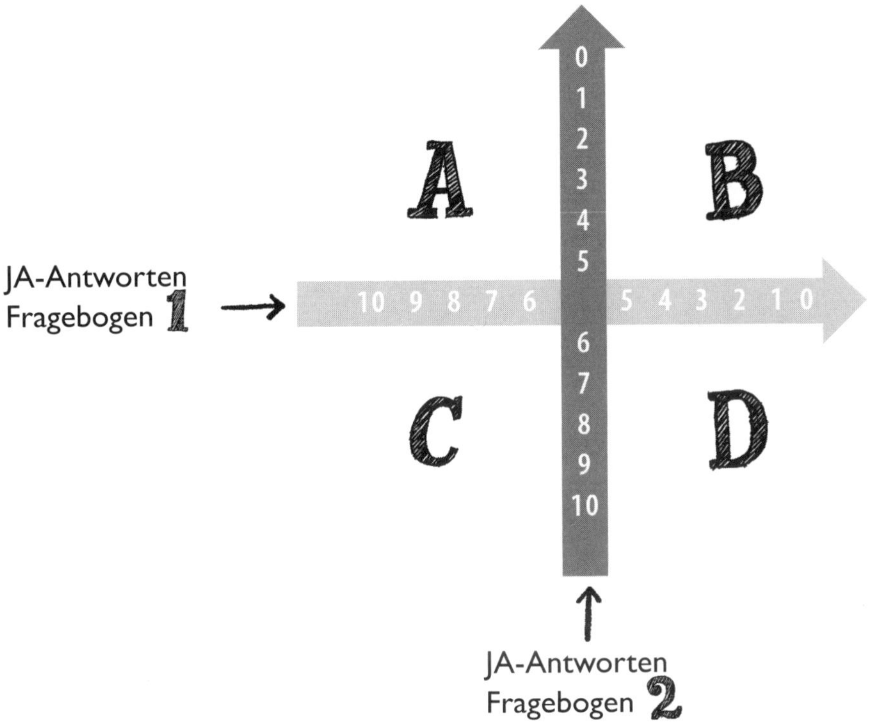

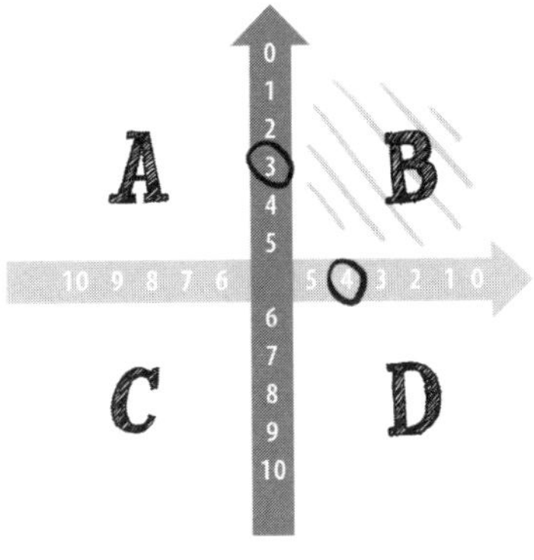

* Beispiel:

Du hast beim ersten Fragebogen 4x JA angekreuzt und beim zweiten Fragebogen 3x JA: Du bist also Typ B.

AUFLÖSUNG

TYP **A**

Du bist gut darin zu entscheiden, was du wirklich brauchst, und du sammelst nicht allzu viele Dinge an. Allerdings kann es passieren, dass du die Dinge, die du brauchst, trotzdem nicht findest. Probier doch mal, für jedes Ding ein »Zuhause« zu finden und alles regelmäßig dahin zurückzuräumen. So behältst du die Übersicht.

→ Aufbewahrung, S. 84

→ Mach dir einen Plan, S. 46

→ So bleibt dein Zimmer aufgeräumt, S. 116

TYP B

Du häufst nicht viele Dinge an und das, was du besitzt, räumst du auf. Weiter so! Jetzt kannst du sofort damit beginnen, alles noch schöner zu dekorieren. Und wie wäre es mit einem frischen Duft für dein Zimmer?

Fenster anmalen, S.105

Raumduft, S.108

Schönes Licht, S.112

TYP C

Bei dir hat sich jede Menge Zeug angesammelt und es gibt keine wirkliche Ordnung. Überlege dir zuerst, wie du dir dein Zimmer wünschst, und gehe dann Schritt für Schritt die verschiedenen Punkte in diesem Buch durch. So kannst du es schaffen, dich von ein paar Dingen zu trennen und wieder mehr Platz zum Leben zu haben.

Tipps für Ordnung, S. 22

Mach dir einen Plan, S. 46

Ordnung halten, S. 117

TYP D

Du bewahrst Dinge geordnet auf und findest sie auch wieder. Trotzdem hättest du mehr Platz, wenn du dich von einigen Dingen trennen würdest. Vielleicht kannst du damit sogar jemand anderem eine Freude machen.

Tipps für Ordnung, S. 24

Aufbrauchchallenge, S. 30

Kleidertauschparty, S. 75

Die VORHER

Klebe hier ein Foto
von deinem Zimmer
VOR dem Aufräumen
ein.

Mein Zimmer am .... um .... Uhr

NACHHER *challenge*

Klebe hier ein Foto
von deinem Zimmer
NACH dem Aufräumen
ein.

Mein Zimmer am .... um .... Uhr

Turbo-aufräumen

So sorgst du blitzschnell für Ordnung.

1. Mach ein »Vorher«-Foto von deinem Zimmer!

Challenge, S. 16

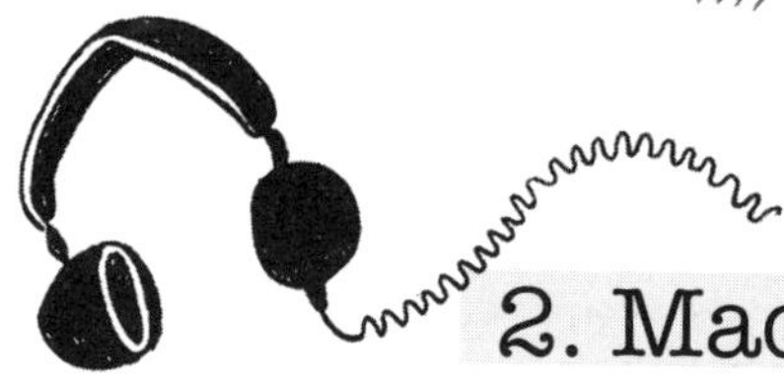

2. Mach laute Musik an!

Playlist, S. 98

3. Mach das Fenster auf und lass frische Luft herein!

Mief und Feuchtigkeit werden so aus deinem Zimmer befördert. Sauerstoff ist hilfreich beim Lernen und auch schlafen kannst du bei frischer Luft am besten. Das Fenster für ein paar Minuten weit zu öffnen bringt viel mehr, als das Fenster den ganzen Tag gekippt zu lassen.

Raumduft, S. 108

4. Bringe Tassen, Teller, Essensreste, Brotdosen etc. raus!

Mit Bonbonpapierchen, Apfelresten, Limoflaschen und Butterbrotresten lockst du Krabbeltierchen an, die du bestimmt nicht als Mitbewohner haben möchtest.

→ Ungeziefer, S. 76
→ Lavendelsäckchen, S. 78

5. Mach dein Bett!

Schon sind 2 Quadratmeter deines Zimmers aufgeräumt! Außerdem hast du jetzt eine Sitzgelegenheit und Platz, um deine Klamotten zu falten.

→ Schlafplatz, S. 110

6. Hebe alle Klamotten vom Boden auf, räume sie in den Schrank oder bring sie in die Wäsche!

Nicht alles muss sofort gewaschen werden. Einige Kleidungsstücke kannst du auch zum Lüften aufhängen. Das spart Arbeit, Strom und Wasser!

→ Kleiderbügel verschönern, S. 72
→ Kleiderschrank aufräumen, S. 68

7. Staple alle Papiere und Hefte, die auf deinem Schreibtisch liegen!

Schreibtisch aufräumen, S. 32

8. Räume alle restlichen Dinge, die auf dem Boden liegen, an ihren Ort oder auf einen Stapel!

9. Leere den Mülleimer und sauge oder fege den Fußboden!

10. Mach ein »Nachher«-Foto!

Challenge, S. 16

Jippie!

Alles geschafft? Glückwunsch, du hast dir eine Belohnung verdient!

Belohne dich, S. 122

Checkliste

- »Vorher«-Foto machen ○
- Musik ○
- Lüften ○
- Essen raus ○
- Bett machen ○
- Klamotten aufheben und wegräumen ○
- Schreibtisch aufräumen ○
- Alles vom Boden aufheben und an seinen Ort bringen ○
- Müll rausbringen ○
- Saugen/Fegen ○
- »Nachher«-Foto machen ○

Und damit belohne ich mich heute:

....

GEHEIMTIPP
NR. 1

Für jedes Schätzchen ein Plätzchen

Alles hat seinen Platz und kehrt nach Benutzung wieder an seinen Platz zurück.

Die Ein-Handgriff-Methode

1. Suche für jedes Ding einen festen Platz. Dinge, die du oft brauchst, sollten am einfachsten zu erreichen sein.

2. Achte darauf, dass dieser Platz groß genug ist.

3. Beschrifte den Platz, wenn du ihn dir nicht merken kannst.

4. Bring alles, was du mit einem Handgriff an seinen festen Platz räumen kannst, sofort dorthin. Das gilt für ALLES, also auch für deinen Schlüssel, das Buch, das du gerade liest, deine Schuhe usw.

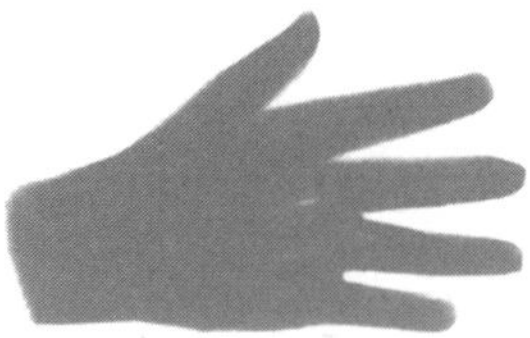

Wonach hast zuletzt gesucht?
Diese Dinge brauchen zuallererst einen festen Platz:

Was	wo

Die Korbmethode

Nimm dir einen Wäschekorb oder eine große Kiste, gehe damit in dein Zimmer und stöbere durch deine Sachen. Sammle alles ein, was unnötig ist, dir nicht mehr gefällt und nur noch Platz wegnimmt.

Behalte, was dir Freude macht!

Diese Methode hat Marie Kondo, eine Ordnungsexpertin, erfunden. Bei ihrer Methode geht es darum, nur die Dinge zu behalten, die einem Freude bereiten.
Dabei sortierst du nacheinander alles, was du besitzt. Zuerst räumst du alle Dinge einer Sorte (zum Beispiel alle T-Shirts) auf einen Stapel. Dann nimmst du jedes T-Shirt einzeln in die Hand und fragst dich: Freue ich mich darüber? Wenn ja, dann behältst du es. Wenn nein, dann sortierst du es aus.

Alle Dinge, bei denen du nicht sicher bist, kommen für ein paar Tage (nicht länger!) in die Überlege-Kiste

→ Überlege-Kiste, S. 26

GEHEIMTIPP
NR. 2

Weniger ist mehr!

Je weniger du besitzt,
umso weniger musst du aufräumen.
Das spart Platz, Zeit und Geld.

Sachen loswerden

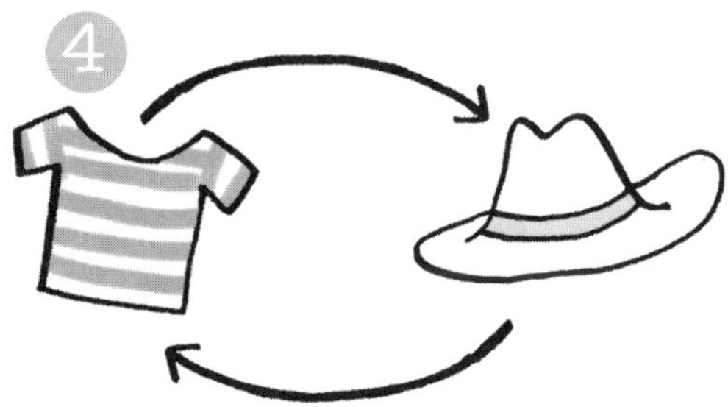

1 Ganz wichtig: Die »Überlege-Kiste«. Alle Sachen, bei denen du dir nicht sicher bist, was du mit ihnen machen sollst, kommen in diese Kiste hinein. Nach ein paar Tagen weißt du bestimmt, ob du sie behalten, verschenken oder wegwerfen willst.

2 Brauche Dinge auf, bevor du etwas neu kaufst.

→ Aufbrauch-Challenge, S. 30

3 Lade deine Freundinnen zur Kleidertauschparty ein!

→ Kleidertauschparty, S. 74

4 Helft euch gegenseitig, kaputte Sachen zu reparieren.

5

6

7

8

9

5 Gut erhaltene Bücher, die du nicht mehr brauchst, kannst du der Bibliothek spenden. Dann haben auch andere etwas davon.

6 Fülle kleine »Wundertüten« mit schönem Kleinkram und verschenke sie.

7 Mach einen Flohmarktstand und verdiene etwas Geld. Auf vielen Märkten kostet ein Stand für Kinder nichts.

8 Statt Flohmarkt könnt ihr auch einen Tausch- oder Verschenkemarkt machen oder eure gut erhaltenen Sachen spenden.

9 Was nicht mehr repariert oder wiederverwertet werden kann, kommt in den Müll.

Beste Reste

Nicht alles, was du nicht mehr brauchst, muss in den Müll. Viele Dinge kannst du weiterverschenken, recyceln oder zum Basteln verwenden. Hier sind ein paar Beispiele:

Trinkwasser

Du nimmst Leitungswasser in einer Trinkflasche mit zur Schule? Das restliche Wasser kannst du deinen Pflanzen geben. Die mögen abgestandenes Wasser und werden so automatisch jeden Tag ein bisschen gegossen.

→ Routine, S. 116

Gummiringe und Büroklammern

Überall sind Gummiringe! Am besten, du sammelst sie in einem Schraubglas, dann hast du immer welche parat.
Das Gleiche gilt für Büroklammern.

→ Schraubglas anmalen, S.42

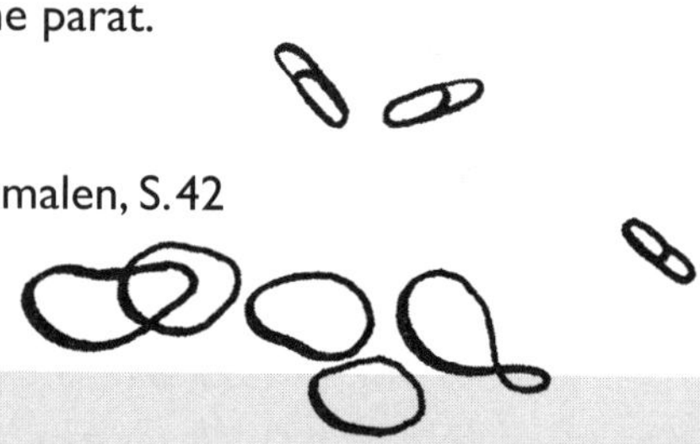

Seifenreste

Sammle Seifenreste in einem Säckchen, dann kannst du auch das allerletzte Stückchen davon aufbrauchen.

→ Socken recyclen, S.82

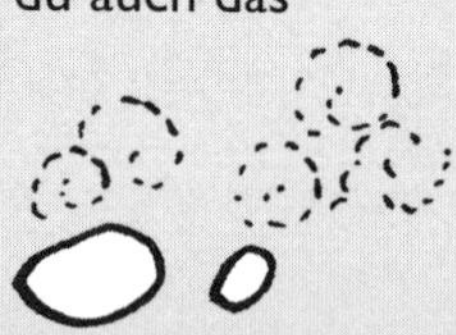

Klopapierrollen

hast du bestimmt schon zum Basteln benutzt. Sie lassen sich aber auch prima dazu verwenden, Kabelsalat zu verhindern.

Kabelsalat, S. 52

Aufgebrauchte Ringbuchblöcke

Zugegeben, es ist ein bisschen mühselig, die Drahtspirale von den Papierresten zu befreien, aber du kannst den Draht weiterverwenden. Immerhin sind es fast 2 Meter!

Kettenhalter, S. 64

Papierreste

Mit Geschenkpapierresten und gemusterten Papieren kannst du Hefte verschönern. Die Rückseite von beschriebenen Blättern kannst du sammeln und als Schmierpapier verwenden.

Papierablage, S. 36

Drahtkleiderbügel

werden häufig von Geschäften weggeworfen, weil sie nicht so stabil sind. Dafür sind sie viel zu schade.

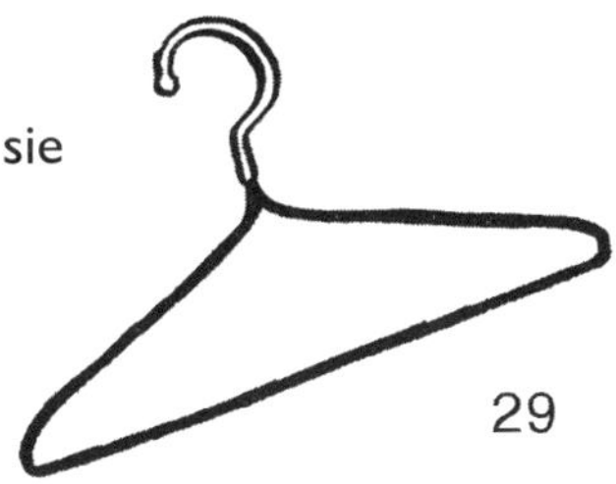

Kleiderbügel, S. 72

Die Aufbrauch-Challenge

Die Regeln sind ganz einfach:

1. Lege einen Zeitraum fest, z.B. einen Monat.
2. Brauche in der Zeit nur Dinge auf, die du schon hast.
3. Kaufe nichts Neues dazu.

★ Bestimmt hast du noch Kleidung im Schrank, die du schon ewig nicht mehr getragen hast. Jetzt ist Zeit für ihren neuen Auftritt. Stelle dir ein Outfit daraus zusammen.

★ Gibt es Bücher und Zeitschriften, die du noch nicht gelesen hast? Jetzt ist die Zeit, damit zu beginnen.

★ Offene Cremetuben, Gesichtsmasken, Pflegespülungen, Pröbchen und Shampoo aus dem Hotel werden irgendwann schlecht. Benutze sie, bevor du etwas Neues kaufst.

★ Spiele, deren Anleitung dir zu kompliziert erschien? Hol sie aus der Schublade und probiere sie aus!

Mein neues Outfit aus alten Sachen:

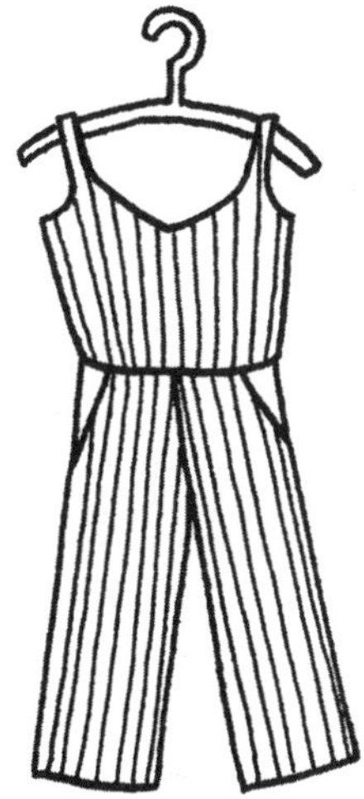

Der perfekte Schreibtisch

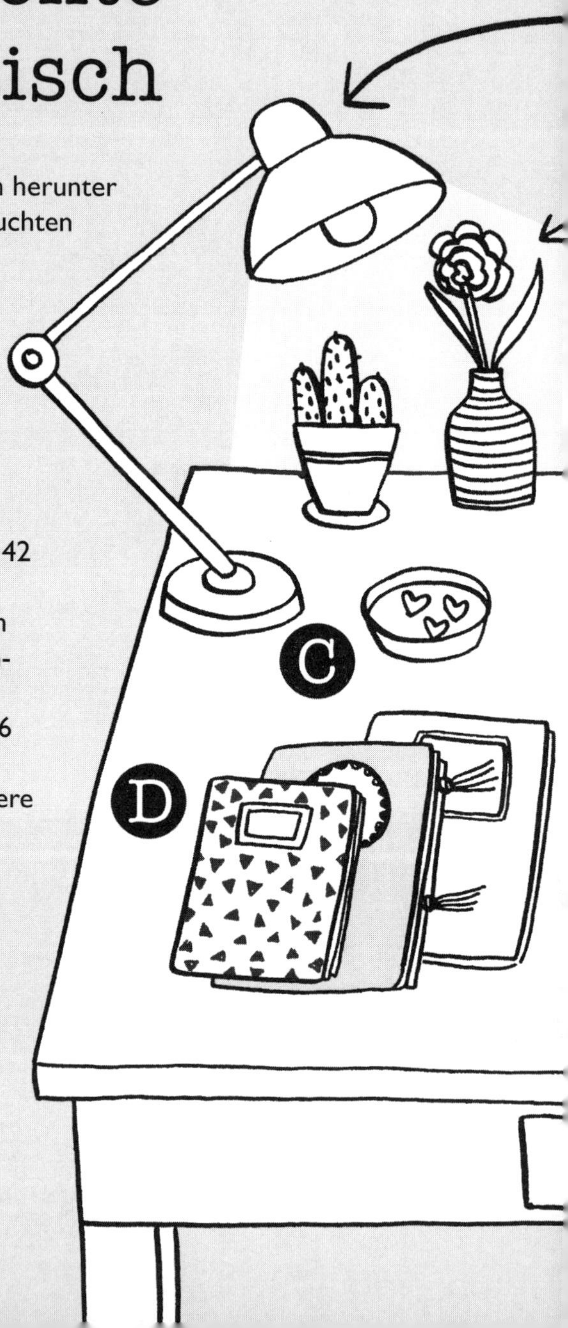

1. Nimm alles (!) vom Tisch herunter und wische ihn mit einem feuchten Lappen ab.

2. Räume nur Dinge auf den Tisch zurück, die du zum Arbeiten wirklich brauchst.

A Sortierte Stifte, Pinsel, Lineal, Schere, Kleber: S.42

B Papierablage mit Fächern für Schmierpapier, Linien- und Karopapier, weißen und bunten Blättern: S.36

C Büroklammern und andere Dinge, die Ordnung schaffen: S.40

D Hefte mit schönen Umschlägen: S.38

E Monatskalender als Schreibtischunterlage: S.46

F Eine aufgeräumte Schublade: S.34

Bei Rechtshändern:
Licht von links
Bei Linkshändern:
Licht von rechts

3. Füge etwas hinzu, das dich motiviert und bei guter Laune hält: Blumen, ein Motivationsspruch oder eine Katze zur Aufmunterung.

Ordnung in der Schublade

In der Küche findest du Löffel und Gabeln sofort – denn alle haben ein eigenes Fach. Auch Stifte, Tesa oder Taschenrechner brauchen feste Plätze.

Gegen Chaos in großen Schubladen helfen Fächer, in die du Kleinkram einsortieren kannst.

Schnelle Abhilfe schaffen z. B. Behälter, die sonst weggeworfen werden:

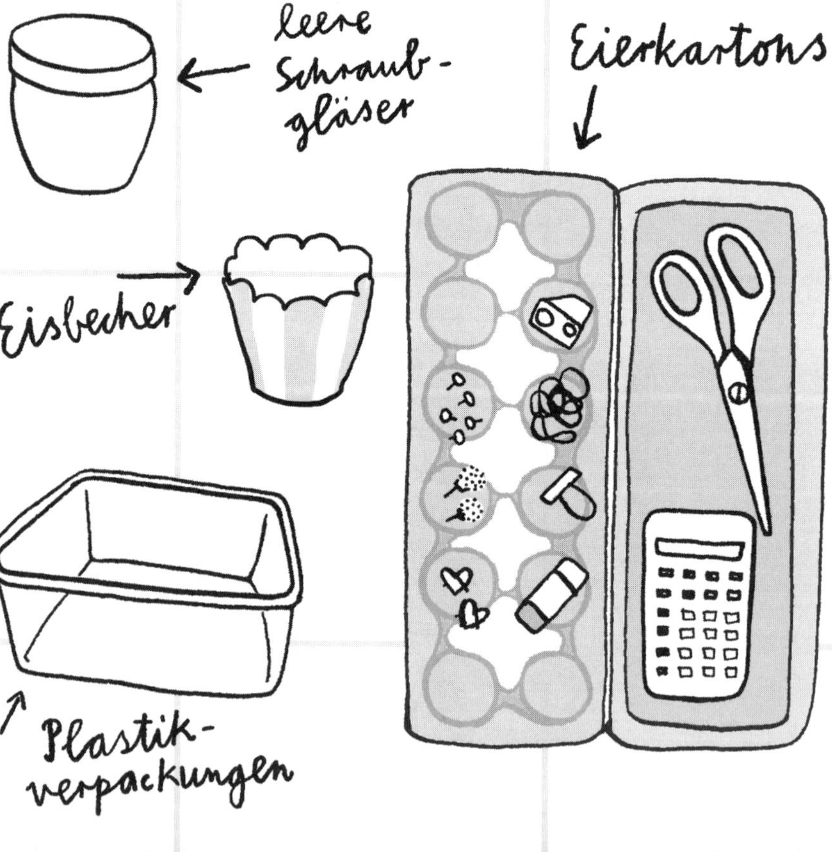

Eine »richtige« Aufteilung für deine Schubladen kannst du ganz leicht selber basteln.

Du brauchst:

- Fotokarton oder Pappe
- Schere
- Lineal
- Stift

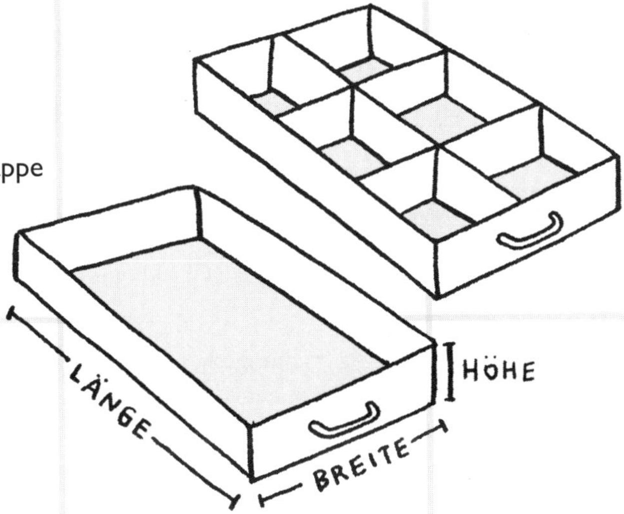

Miss die Länge und die Höhe deiner Schublade und schneide einen langen Streifen aus der Pappe zurecht. Miss dann die Breite der Schublade und schneide zwei weitere Streifen zu.

Schneide dann die Streifen jeweils bis zur Hälfte ein und stecke sie ineinander.

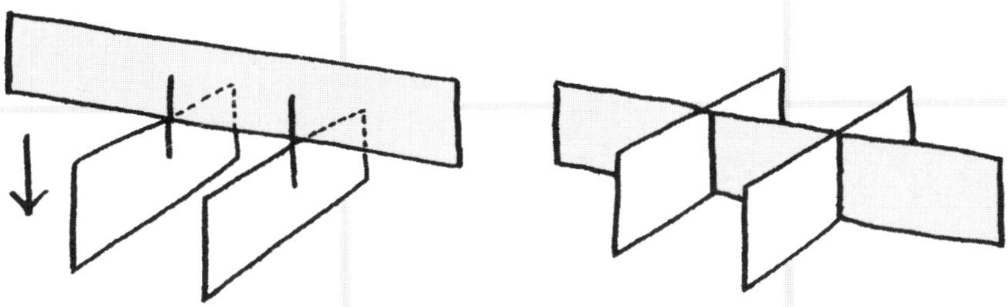

Recycling-Workshop

PAPIER SORTIEREN

Idee 1 Papierablage

Du brauchst:

– 3–4 leere Cornflakes-Packungen (oder ähnlich große Pappschachteln)
– Kleber, Schere
– Geschenkpapier

1. Schneide von allen Pappschachteln den Deckel ab.

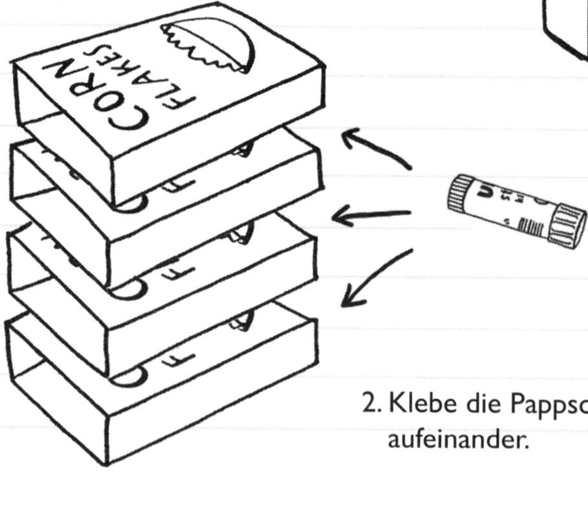

2. Klebe die Pappschachteln aufeinander.

3. Beklebe die zusammengeklebten Packungen von außen mit Geschenkpapier.

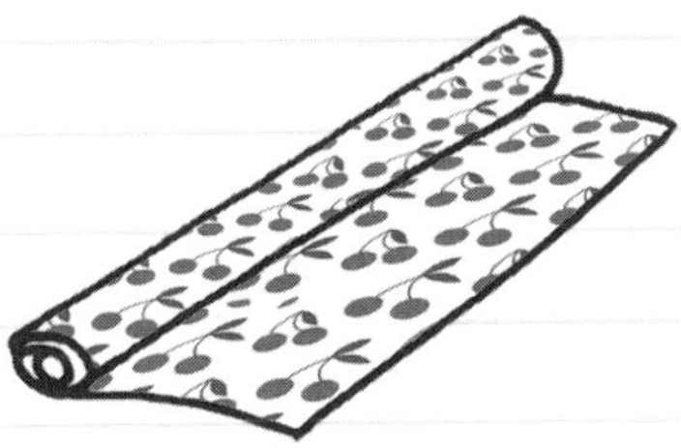

4. Ordne deine Papiere in die Papierablage ein. Du kannst die Fächer auch beschriften, dann fällt das Ordnunghalten leichter.

Idee 2 Heftehalter

Schneide den Deckel und anschließend die Seiten einer Cornflakes-Packung schräg ab und beklebe diese mit Geschenkpapier.

Schöner Schutz für Hefte

Du brauchst:

– Heft
– Schere und Kleber
– buntes Papier oder Geschenkpapier

Suche ein Papier aus, das dir gefällt, und lege es mit der gemusterten Seite nach unten auf den Tisch. Lege dann das Heft darauf.

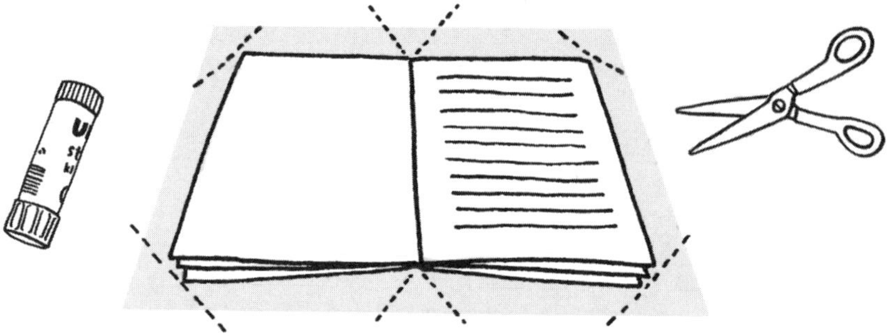

Schneide nun das Papier aus. Es sollte an jeder Seite etwa 3 cm größer sein als das Heft. Streiche Kleber auf das Papier und klebe das Heft fest. Schneide nun die Ecken des Papiers ab und mache oben und unten jeweils zwei Schnitte zur Heftmitte hin. Schlag das Papier um und klebt es innen fest.

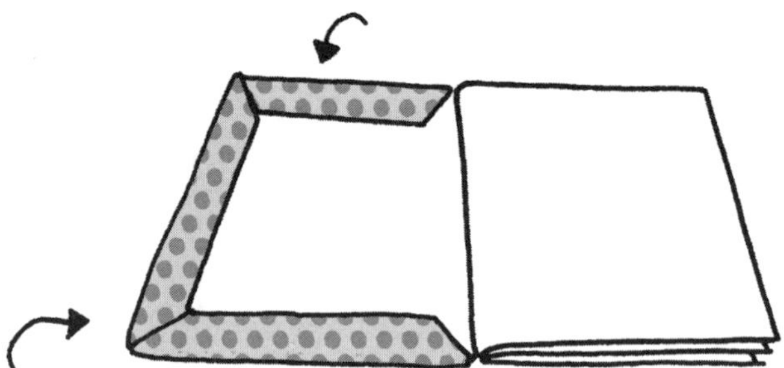

Nun kannst du das Heft mit einem schönen Etikett schmücken.

Hier kannst du Entwürfe für deine Etiketten sammeln:

Büroklammern aufpeppen

Diese süßen Büroklammern kannst du als Lesezeichen in deinen Heftern verwenden.

Idee 1

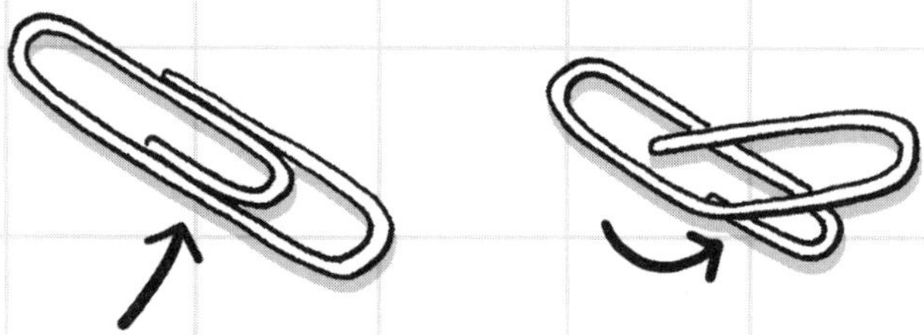

Knicke die Büroklammer an dieser Stelle nach oben.

So entsteht ein Herz!

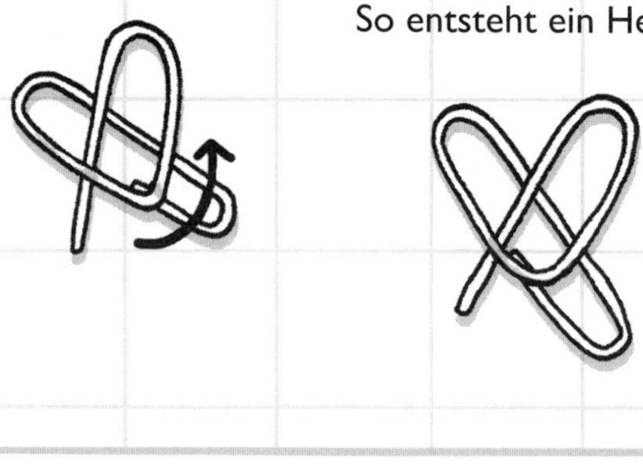

Idee 2

Du brauchst:
– Wolle
– Büroklammern
– Schere

1. Schneide 6 jeweils 10 cm lange Fäden ab.

2. Lege die Fäden aufeinander und stecke sie so durch die Büroklammer,

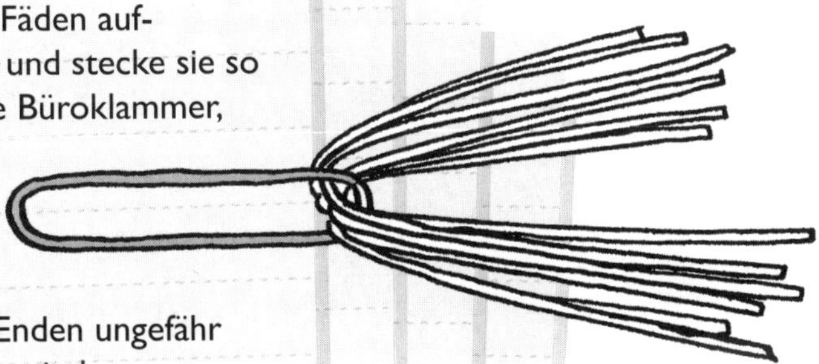

dass die Enden ungefähr gleich lang sind.

3. Binde einen weiteren Faden um die Fäden und verknote ihn.

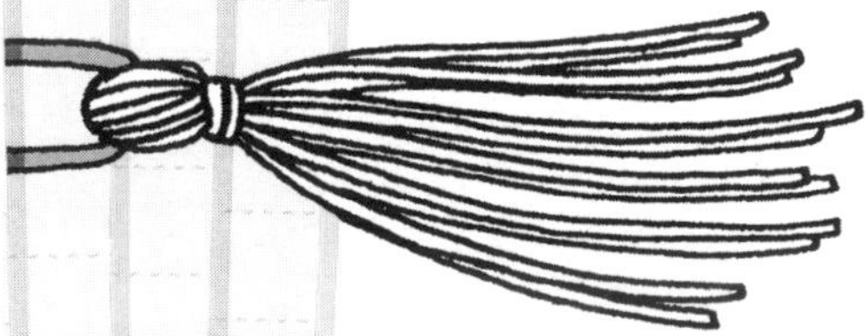

4. Schneide die Fäden auf eine Länge.

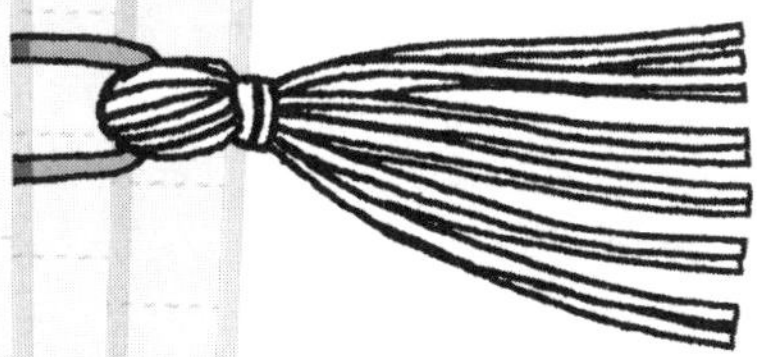

Ein Platz für deine Stifte*

IDEE 1

Du brauchst:
- leeres Marmeladenglas
- Acrylfarbe
- Pinsel

1. Gib Acrylfarbe in das Glas und verteile die Farbe mit dem Pinsel. Wenn die Farbe nicht richtig deckt, lässt du den ersten Anstrich gut trocknen und wiederholst das Ganze.

2. Male kleine Motive außen auf das Glas und lass es gut trocknen.

* Zur Not tut's auch eine schöne Tasse oder Vase.

IDEE 2

Du brauchst:
– Tetrapack (leer)
– Kuli und Schere
– Acrylfarbe und Pinsel

1. Wasche den Tetrapack gut aus.

2. Zeichne mit dem Kuli auf, wo geschnitten werden soll. Vergiss dabei die Ohren nicht! Schneide die obere Hälfte ab.

3. Male den Rest einfarbig an und lass alles gut trocknen. Wiederhole das Ganze, falls der Anstrich nicht gut deckt.

4. Male das Tiergesicht auf und lasse es gut trocknen.

5. Ordne nur Stifte ein, die noch malen und die gespitzt sind.

Auf dieser Seite kannst du deine Filzstifte und Marker testen.
Alle, die noch malen, kommen in die Stiftebox.
Alle, die nicht mehr malen, kommen in den Müll!

Eine Schreibtischunterlage für jeden Tag

Du brauchst:
- Zeichenblock DIN A3
- langes Lineal
- Bleistift

Und so geht's:

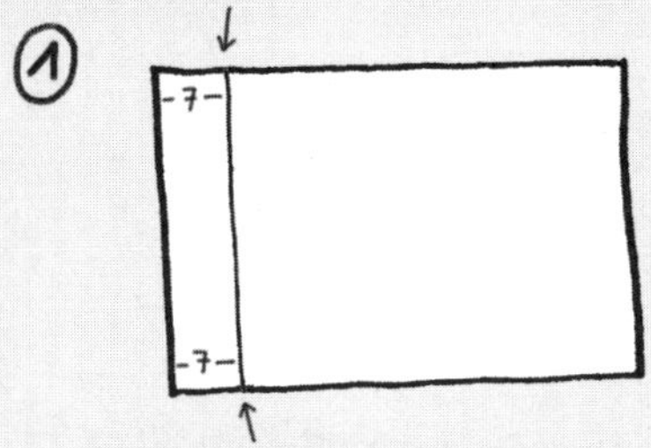

Miss am oberen und unteren Rand des Blocks 7 cm ab und ziehe einen Strich mit dem Stift.

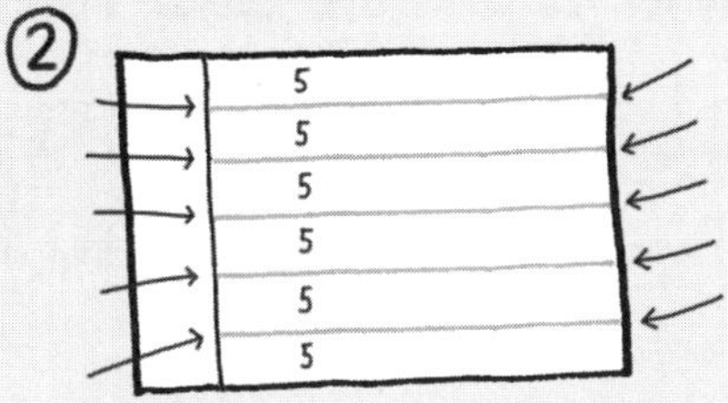

Miss an diesem Strich und am rechten Rand jeweils 5 cm ab und verbinde die Markierungen.

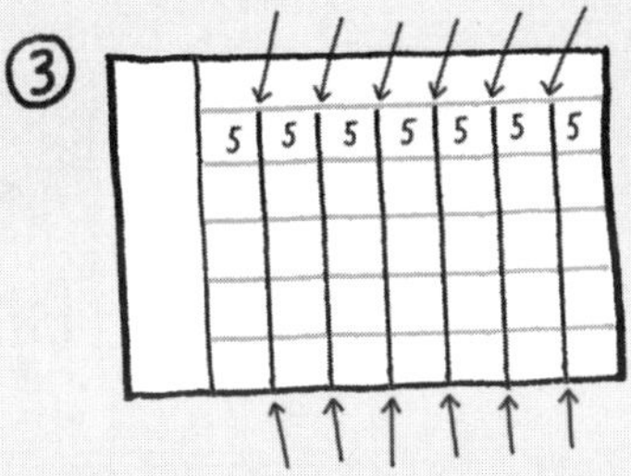

Miss nun an der oberen und der unteren Linie jeweils 5 cm ab und verbinde die Markierungen.

Vorsicht: Nicht jeder erste Tag des Monats ist ein Montag!

Einen Notiz-bilderrahmen bauen

Notiere deine To-do-Liste direkt in deinem Kopf!

Du brauchst:

- Bilderrahmen, ca. DIN A3
- farbiges und weißes Papier
- eine helle Lampe
- Bleistift und Schere
- einen abwischbaren Folienstift

1. Klebe ein weißes Blatt in der Größe deines Bilderrahmens mit Maskingtape oder Tesa an der Wand fest.

2. Richte eine helle Lampe so aus, dass dein Schatten auf das Blatt fällt.

3. Bitte jemanden, den Umriss deiner Silhouette mit Bleistift auf das Papier zu zeichnen.

4. Schneide deinen »Kopf« aus.

5. Positioniere die Silhouette auf dem farbigen Papier und stecke beides in den Rahmen. Nun kannst du mit dem abwischbaren Folienstift auf der Glasscheibe notieren, was du im Kopf behalten musst.

PIMP* DIE PINNWAND

Verwandle eine einfache Pinnwand in einen Wochenplan, den du immer wieder verwenden kannst.

Du brauchst:
- 1 Kork-Pinnwand
- Acrylfarbe und Pinsel
- Filzstift

1. Streiche den Kork der Pinnwand weiß an und lass alles gut trocknen.
2. Suche eine runde Schablone, die 7-mal auf deine Pinnwand passt, z.B. ein Glas oder eine Untertasse.
2. Benutze die Schablone, um mit dem Filzstift 7 Kreise aufzuzeichnen.
3. Male die Kreise mit der Acrylfarbe aus und lass alles gut trocknen.
4. Schreibe die Wochentage dazu und lass auch diese trocknen.

* »pimp« ist Englisch und heißt »aufpeppen«.

Idee

1 Male Reißzwecken mit Nagellack an.

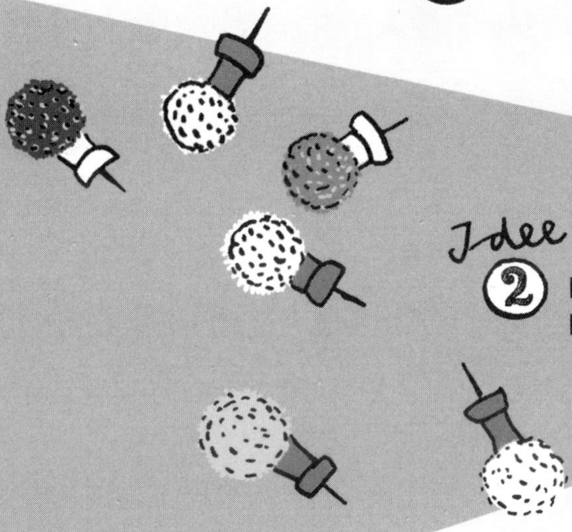

Idee

2 Klebe kleine Pompoms auf Pinnwandnadeln.

Idee

3 Klebe Scrabblesteine auf Pinnwandnadeln.

→ Kleinkram aufbewahren, S. 34 und S. 84

Schluss mit Kabelsalat

Idee 1 : für Kopfhörer

Du brauchst:

– 2 Wäscheklammern aus Holz
– Kleber

1. Klebe die Wäscheklammern so aufeinander:

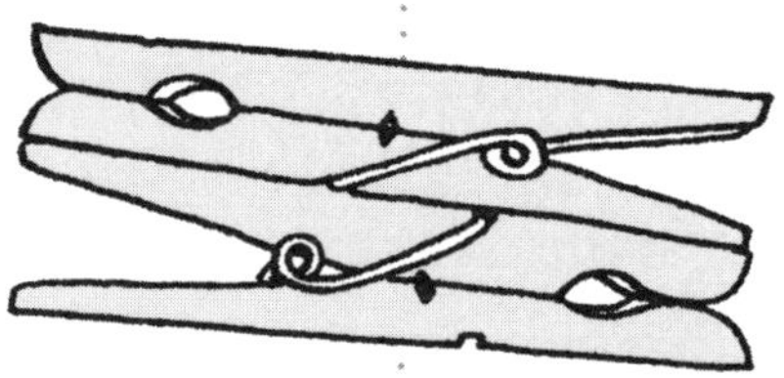

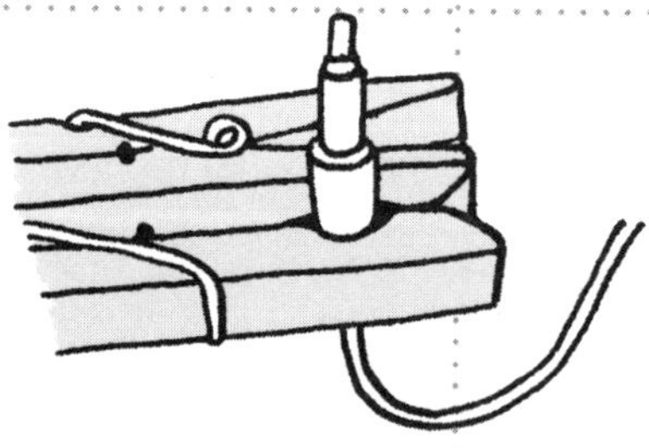

2. Klipse den Stecker deiner Kopfhörer in der einen Klammer fest.

3. Wickle das Kabel wie auf dem Bild um die Wäscheklammern.

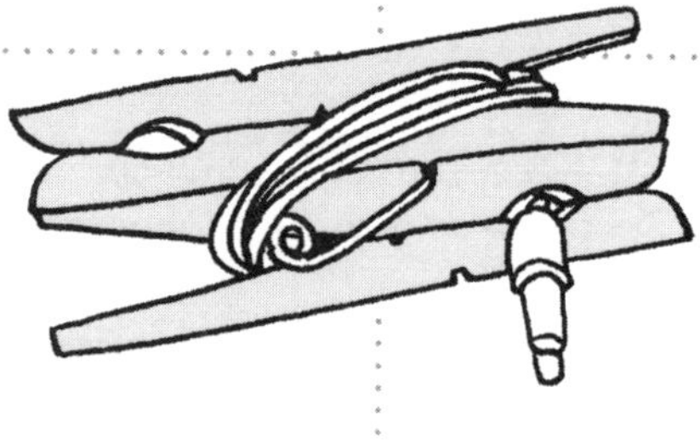

4. Klipse die Ohrstöpsel mit der anderen Wäscheklammer fest.

5. Wenn du magst, kannst du den Kabelhalter anmalen oder mit Maskingtape bekleben.

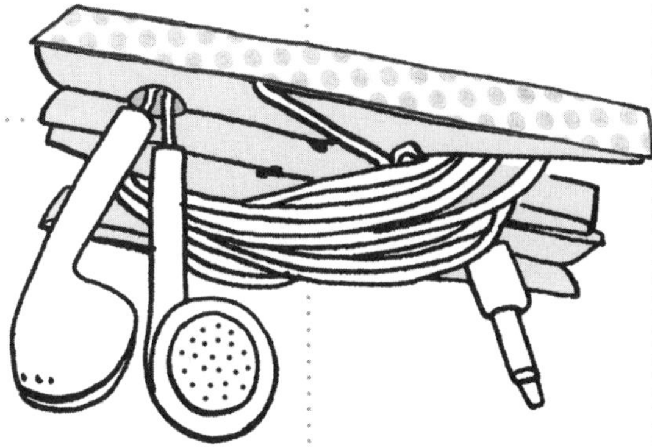

Idee 2: für Kabel

Du brauchst:

– Klopapierrollen
– Maskingtape
– Stifte

Schiebe deine zusammengerollten Kabel durch eine Klopapierrolle. Beschrifte diese oder verziere sie mit Maskingtape.

DIGITALES AUFRÄUMEN

Apps ausmisten

Befreie dein Handy von überflüssigen Apps!
Lösche Apps, die du sowieso nicht nutzt. Sie benötigen Speicherplatz und wollen deine Aufmerksamkeit und Zeit.

Gruppen verlassen

Verlasse alle Gruppen, in denen du nicht aktiv bist. Schalte Benachrichtigungen nur für Apps/Gruppen ein, die dir sehr wichtig sind.

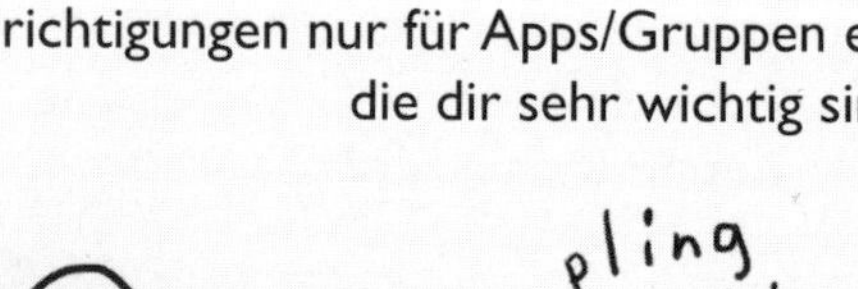

Daten sichern

Speicher deine Daten regelmäßig auf einer externen Festplatte. Geräte können kaputt- oder verloren gehen!

Dateien benennen

Benenne Dateien mit sinnvollen Namen, statt »Unbenannt-2« und »Idee_4« ist es praktischer, Namen zu wählen wie »Deutschhausaufgabe« und das dazugehörige Datum, also z. B. »DeutschHA_29.03.20«.

Ordner anlegen

Du findest Dateien viel leichter wieder, wenn du sie in Ordner sortierst. So können alle Deutschhausaufgaben z. B. in den Ordner »Deutsch« und der wiederum in den Ordner »Schule«.

Regelmäßig aufräumen

to do!

Schreibe das digitale Aufräumen in deinen Kalender!
Wenn du diese Tipps regelmäßig befolgst, benötigst du dafür nur wenig Zeit.

Schreibtischplan, S. 46

To-do-Liste, S. 117

Fotos sortieren

Sortiere regelmäßig deine Fotos und lösche alle überflüssigen.

Fotos sortieren, S. 56

FOTOS SORTIEREN

Von einer überschaubaren Fotosammlung hast du viel mehr als von einem Haufen unsortierter Fotos.

- Plane einen festen Termin für das Sortieren von Fotos ein. Wähle zum Beispiel jeden Freitag die 3 schönsten Fotos der Woche aus.

  → To-do-Liste, S. 118

- Drucke deine Lieblingsfotos aus, hänge sie auf oder klebe sie in ein Fotoalbum.

  → Fotoalbum, S. 58

- Erstelle Ordner für besondere Momente: z. B. Urlaubsfotos, Feste und Feiern, Klassenfahrt.

Lösche doppelte Fotos, Fotos von schlechter Qualität und Fotos, die dir nicht wichtig sind.

Häng deine Lieblingsfotos auf!

Idee 1

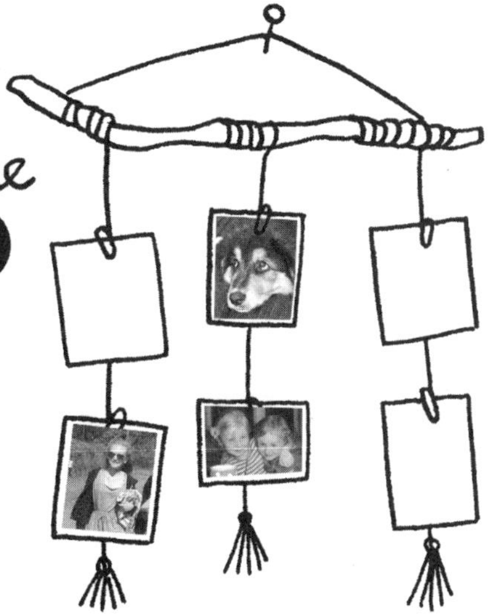

Umwickle einen Ast mit farbiger Wolle und pinne die Fotos mit Büroklammern daran fest.

Idee 2

Klipse Fotos mit Wäscheklammern an einen Drahtkleiderbügel.

Idee 3

Die Turbo-Variante:
Klebe Fotos in Muffinförmchen aus Papier, fertig!

IDEEN FÜR DEIN FOTOALBUM

Ausgedruckte Fotos kannst du in Alben sammeln. Dabei musst du nicht unbedingt chronologisch (zeitlich der Reihe nach) vorgehen. Du kannst deine Fotos auch nach Themen sortieren.
Außer Fotos kannst du natürlich auch Eintrittskarten, Stadtpläne, Federn, Karten etc. einkleben.

Was für ein Album möchtest du?

....

....

....

Idee 1 REISETAGEBUCH

Idee 2 HAUSTIERALBUM

Idee 3 FREUNDINNENALBUM

Die Schultasche aufräumen

Am besten räumst du deine Schultasche am Freitag komplett aus und auf.

Checkliste

Der Schultaschencheck am Sonntag:

- Lose Blätter in Hefter eingeheftet
- Alle Hausaufgaben erledigt
- Entschuldigungszettel und Sonstiges für die Postmappe
- Freundebücher, Bibliotheksbücher
- Fahrkarte
- Ist alles im Mäppchen?
  Geodreieck, Zirkel
  Stifte spitzen
  Tintenpatronen nachfüllen
- Taschenrechner
- Sportzeug
- Instrument

TIPP: Schreib dir eine eigene Liste, woran du denken musst. Diese hier ist als Anregung gedacht.

→ To-do-Liste, S. 118

Start now*

Fang einfach an! Sammle Aufräum- und Motivationssprüche
und schreib sie hier auf!

*Beginne jetzt!

Einzigartig

IST BESSER

ALS

PERFEKT

SCHMUCK AUFBEWAHREN

Idee 1

Schmuckspirale

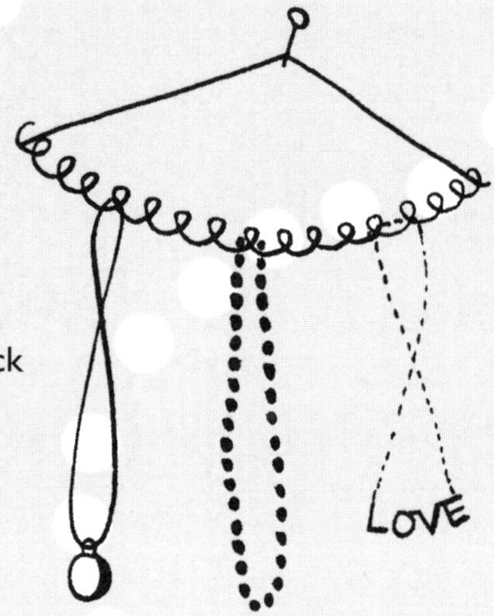

Du brauchst:
- Drahtspirale von einem Ringbuchblock
- Schnur

Knote die Schnur an der Drahtspirale fest und hänge den Kettenhalter auf.

Idee 2

Schmuckbäumchen

Du brauchst:
- 1 Gefäß
- Sand oder Steine
- einen kleinen Ast mit möglichst vielen Verzweigungen

Beschwere das Gefäß mit Sand oder Steinen und stecke den Ast hinein.

Idee 3

Ohrringrahmen

Du brauchst:
- 1 Bilderrahmen
- Pappe
- Kleber
- Nadel

1. Nimm das Glas aus dem Bilderrahmen heraus.
2. Schneide die Pappe auf die Größe der Bilderrahmenrückwand.
3. Bohre mit einer stabilen Nadel Löcher für die Ohrringe hinein.
4. Klebe die Pappe hinten am Rahmen fest.

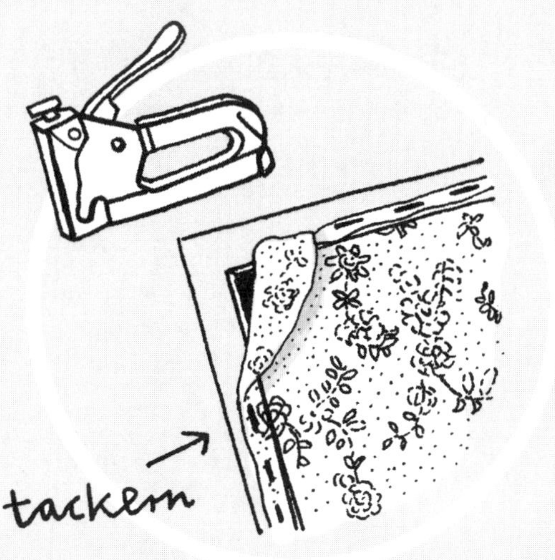

Statt Pappe kannst du auch ein Stück Spitze verwenden. Lege die Spitze von hinten auf den Rahmen und tackere sie fest. Achte darauf, dass die Spitze straff gespannt ist. Schneide dann die überstehende Spitze ab.

Der himmlische HAARSPANGENHALTER

Du brauchst:

– 2 Blätter DIN A4 Fotokarton oder Pappe
– Bleistift und Farbstifte
– Geschenkband aus Stoff, 5 Streifen à 40 cm, 2–3 cm breit
– Geschenkband aus Stoff, ca. 15 cm lang und 1 cm breit.
– Tacker und Klebestift

1. Zeichne auf den Karton eine möglichst große Wolke und schneide sie aus.

2. Benutze diese Wolke als Schablone, um noch eine zweite Wolke aufzuzeichnen, und schneide auch diese aus.

3. Tackere beide Enden des Geschenkbandes als Aufhängung daran fest.

4. Tackere nun die langen Geschenkbänder unten an der Wolke fest.

5. Male auf die erste Wolke ein Gesicht und klebe sie auf die andere Wolke, sodass die Bänder dazwischen sind.

6. Hänge die Wolke auf und clipse alle deine Haarspängchen daran.

KLAMOTTEN AUFRÄUMEN

Kennst du das? Vor deinem Kleiderschrank liegt mehr als in deinem Kleiderschrank? Und eigentlich weißt du gar nicht so genau, ob dein Lieblings-T-Shirt in der Wäsche ist oder irgendwo in diesem Stapel?

Unterwäsche

Bei Unterwäsche kannst du dir das Falten sparen, wenn du sie in einer schönen Box aufbewahrst.

Socken

Damit Socken nicht verloren gehen,
solltest du sie immer in Paaren aufbewahren.

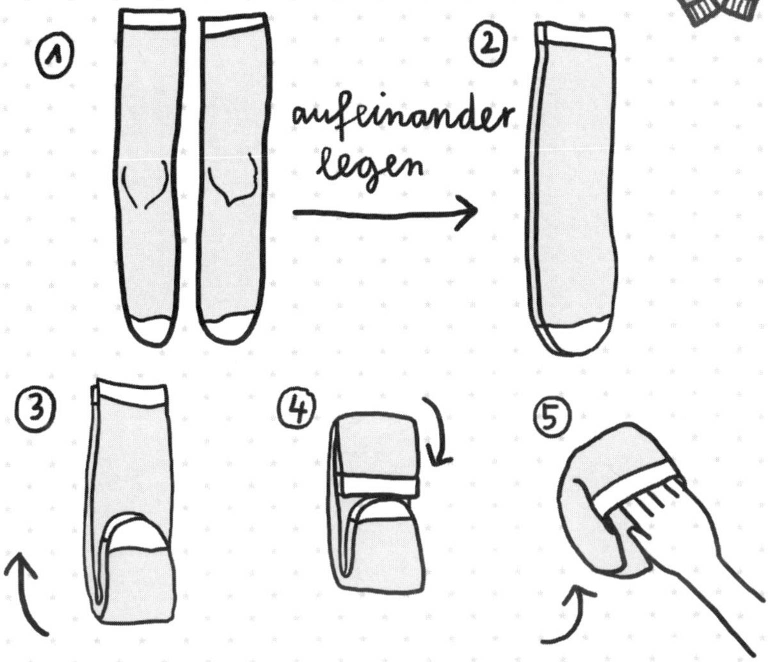

Kisten verschönern, S.85

Verlorene Socken, S.80

OBERTEILE FALTEN

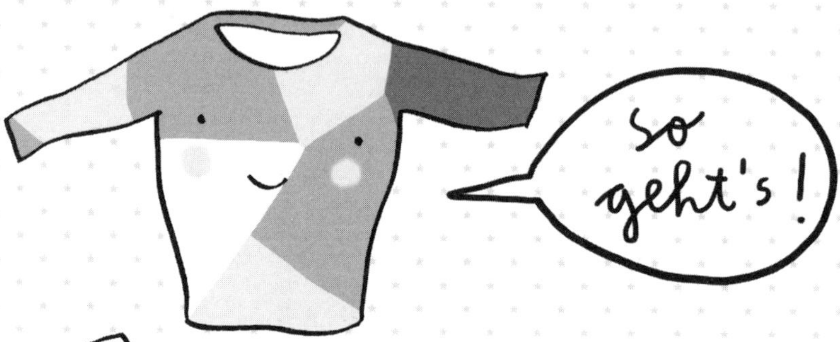

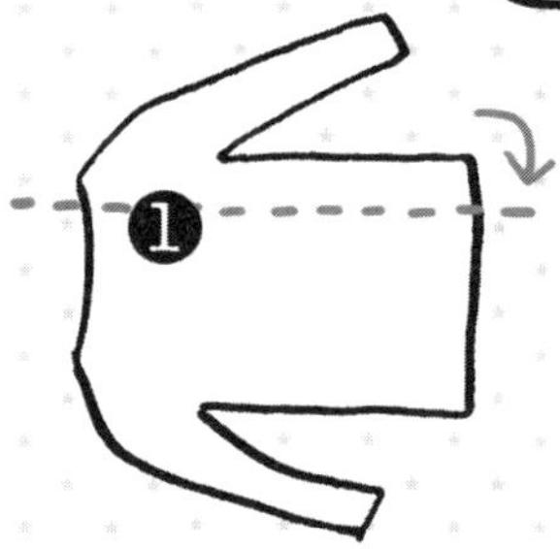

1. Lege das Oberteil auf den »Bauch«.

2. Falte die rechte Seite zur Mitte.

3. Lege den Ärmel hinzu.

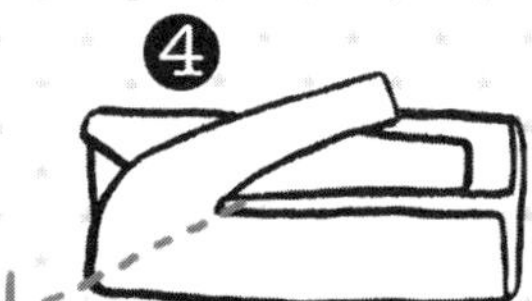

4. Falte die linke Seite zur Mitte.

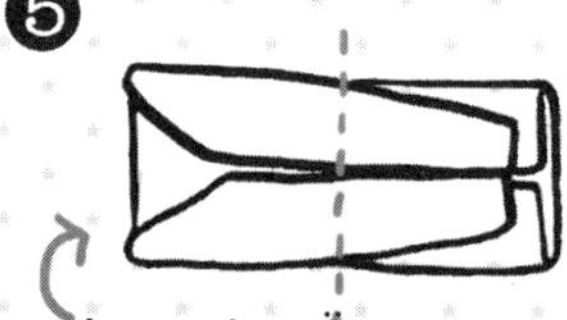

5. Lege den Ärmel hinzu.

6. Klappe das Oberteil in der Mitte zusammen.

HOSEN FALTEN

1 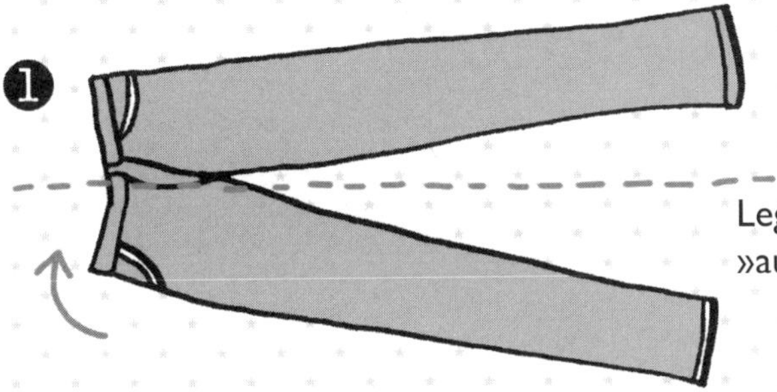

Lege die Hose »auf den Rücken«.

2 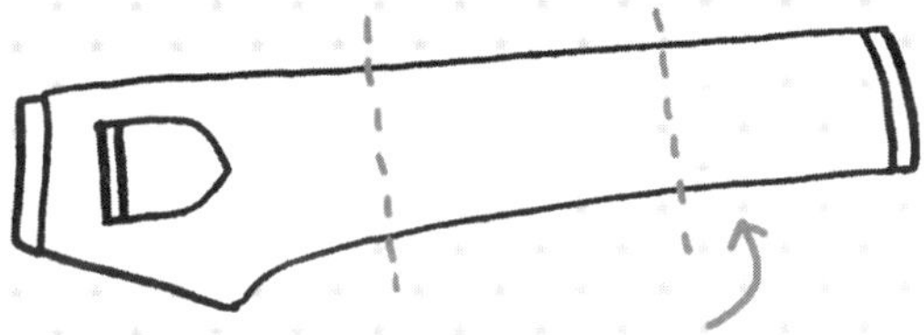

Klappe die Hose zu.

3 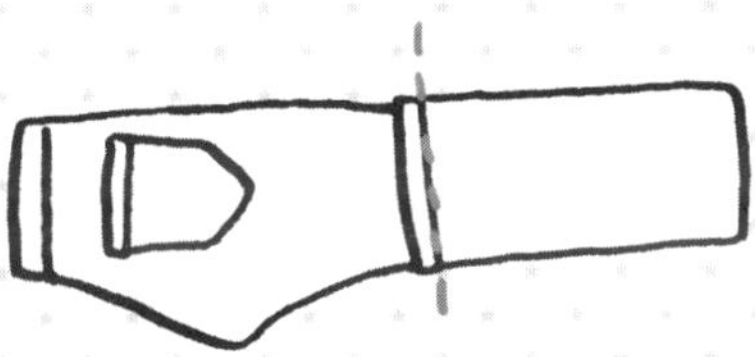

Falte die Beine zur Mitte.

4 

Falte den Bund zur Mitte.

Kleiderbügel verschönern

Idee 1

Du brauchst:
– Kleiderbügel aus Holz
– feines Schleifpapier
– Acrylfarbe und Pinsel
– hübsche Servietten
– Serviettentechnik-Kleber

1. Schleife die Bügel leicht, sonst hält die Farbe nicht.
2. Grundiere die Kleiderbügel mit weißer Acrylfarbe und lass alles gut trocknen.
3. Nimm die oberste Schicht der Serviette ab, schneide das Motiv aus und lege es an die gewünschte Stelle auf dem Kleiderbügel.
4. Trage darüber mit einem weichen Pinsel den Serviettenkleber auf. Wiederhole das Ganze, bis dein Kleiderbügel mit genügend Mustern dekoriert ist, und lass alles gut trocknen.

Idee 2

Du brauchst:
- Kleiderbügel aus Holz
- feines Schleifpapier
- Acrylfarbe und Pinsel

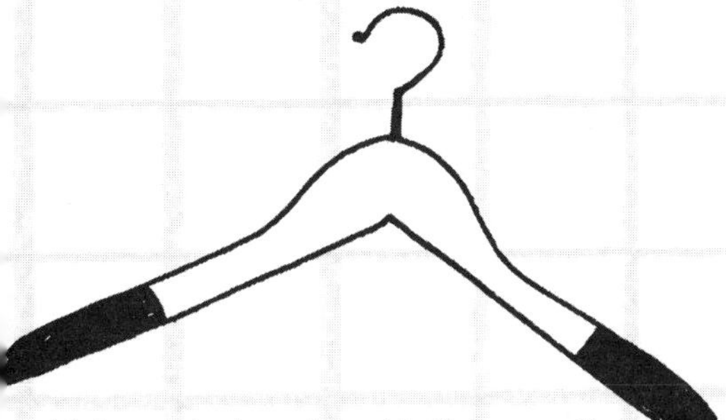

Male nach dem Abschleifen nur die Schenkel oder den ganzen Bügel farbig an oder gestalte sie mit Mustern.

Idee 3

Du brauchst:
- Drahtkleiderbügel
- Wolle in verschiedenen Farben

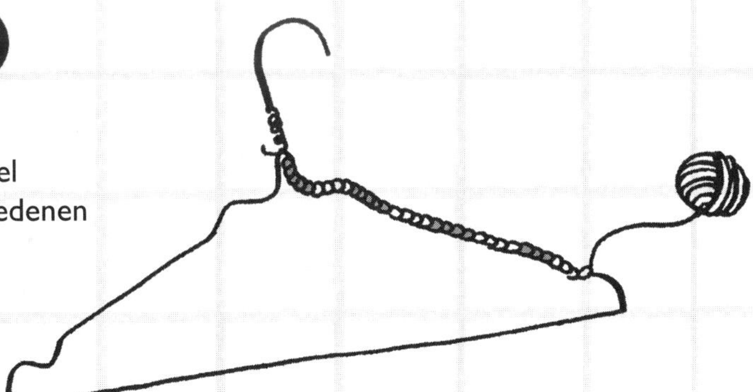

Knote die Wolle oben am Bügel fest und umwickle ihn dann eng damit. Du kannst die Farbe wechseln, indem du den neuen Wollfaden am alten festknotest.

Der perfekte Plan für deine Kleidertauschparty

am .... von .... bis .... Uhr

So funktioniert's:
Jede bringt Kleidungsstücke mit, die sie nicht mehr trägt (Achtung: vorher mit den Eltern abklären, ob die Klamotten eingetauscht werden dürfen). Die verteilt ihr dann in einer (gut aufgeräumten) Ecke deines Zimmers, am besten auf einem Wäscheständer oder so.
Wenn alle Freundinnen da sind, darf jede nach Herzenslust Sachen anprobieren und mitnehmen. Alles, was übrig bleibt, könnt ihr in einer letzten Runde noch mal gesondert anpreisen. Wenn es keine haben möchte, muss es die jeweilige Eigentümerin wieder mitnehmen.

Beim Vorbereiten hilft mir: ....

Beim Aufräumen helfen: ....

....

Checkliste

Einladungen basteln und rechtzeitig verteilen ◯

Klamotten raussuchen ◯

Kleiderstange bereitstellen ◯

Fotoshooting vorbereiten:
Accessoires sammeln, Platz schaffen,
Spiegel bereitstellen ◯

Playlist zusammenstellen ◯

Snacks und Getränke: Wer bringt was mit?

Wer	Was

Mini-Mitbewohner

SPINNEN

Genau wie du fühlen sich auch Spinnen in gemütlichen Häusern und Wohnungen wohl. Sie fangen und fressen viele andere nervige Tierchen, die sich im Haus aufhalten, zum Beispiel Mücken und Fliegen.
Du möchtest die Spinnen in deinem Zimmer trotzdem loswerden? Spinnen einfach wegzusaugen ist keine gute Idee, denn aus den meisten Staubsaugern krabbelt die Spinne einfach wieder raus.

Am besten, du fängst sie ein und bringst sie nach draußen:

Lass die Spinne auf das Papier krabbeln, stülpe ein Glas darüber, dreh das Glas um und trag die Spinne nach draußen und lass sie frei – fertig.

Lass keine Essensreste oder sonstigen Abfall liegen, denn der lockt Krabbeltiere an!

MOTTEN

Motten legen ihre Eier am liebsten an dunklen Orten ab – zum Beispiel in deinem Wollpullover im Kleiderschrank, denn die Larven, die aus den Eiern schlüpfen, fressen gerne tierische Haare. Schon ist ein Loch in deinem Pulli!

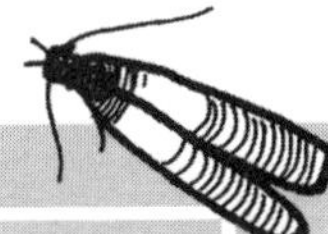

So verhinderst du, dass Motten in deinen Kleiderschrank einziehen

- Lagere nur gewaschene Sachen in deinem Schrank, denn Motten werden von Duftstoffen wie z. B. Schweiß angelockt.
- Räume deinen Kleiderschrank öfter mal auf und um und lüfte die Kleidung darin.
- Wische deinen Schrank regelmäßig mit einem Essig-Wasser-Gemisch aus, denn den Duft mögen Motten nicht.
- Hänge Lavendelsäckchen auf oder lege sie in deinen Schrank. Den Geruch mögen Motten und Spinnen gar nicht!

→ Lavendelsäckchen, S. 78

Blitzschnelle Lavendelsäckchen

Du brauchst:
- getrocknete Lavendelblüten
- dünnen Baumwollstoff, ca. 25 x 25 cm
- Stift und Schere
- Faden oder Geschenkband

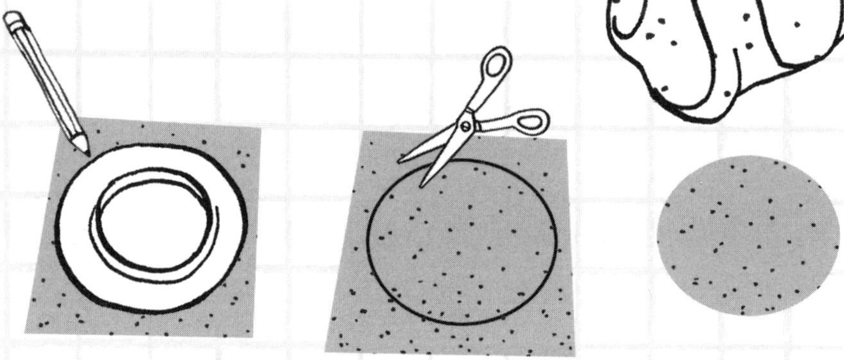

Nimm einen Kuchenteller als Schablone, zeichne einen Kreis auf den Stoff auf und schneide ihn aus.

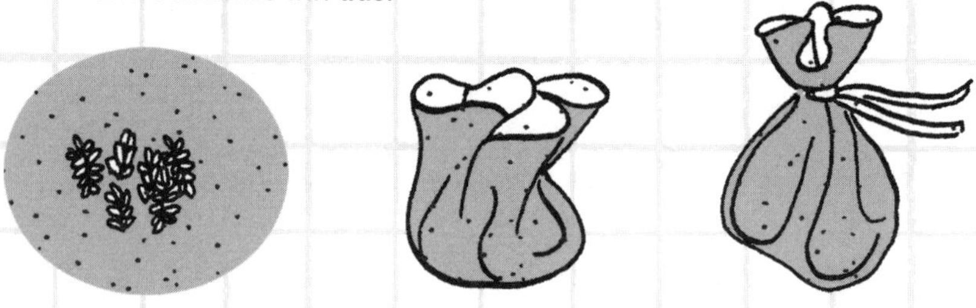

Gib getrocknete Lavendelblüten auf den Stoff, nimm diesen zu einem Säckchen zusammen und knote ihn mit einem Band zu.

Lavendel kommt aus aus der Provence im Süden von Frankreich, aber wächst auch bei uns. Wenn du frischen Lavendel ernten willst, mach das am besten in den Morgenstunden, denn dann besitzt die Pflanze den höchsten Gehalt an ätherischen Ölen. Schneide die Stängel mit den Blüten ab und hänge sie zum Trocknen kopfüber in Sträußen an einen schattigen Ort. Lass sie etwa eine Woche lang trocknen.

Wenn du ein Lavendelsäckchen in dein Bett legst, hilft dir der Duft mit seiner beruhigenden Wirkung beim Einschlafen.

Lavendel gibt deiner Wäsche einen frischen Geruch.

Lavendelduft hält Motten und Spinnen fern.

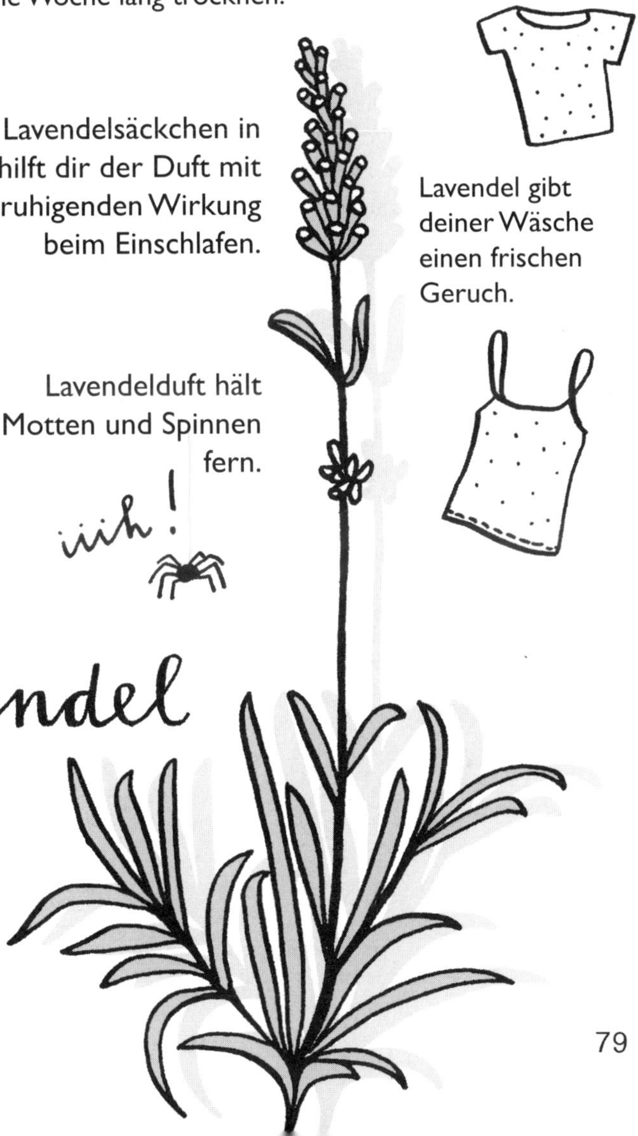

Lavendel

Arme Socke!

Häufig verschwinden Socken auf sonderbare Weise. Hier sind Ideen, was du mit den verbliebenen Exemplaren machen kannst.

Idee 1

Sammeln. Vielleicht findet sich die zweite oder eine ähnliche Socke ja doch noch. Clipse dazu Wäscheklammern an einen Kleiderbügel und beschrifte diesen!

Idee 2

Schneide eine Socke mit einer Schere in Ringe. So wird die Socke zu Haargummis. Die Breite der Haargummis bestimmst du selber.

Idee 3

Schneide das Fußteil einer Socke ab und nutze den Rest der Socke als Kratzschutz für deine Sonnenbrille oder dein Handy.

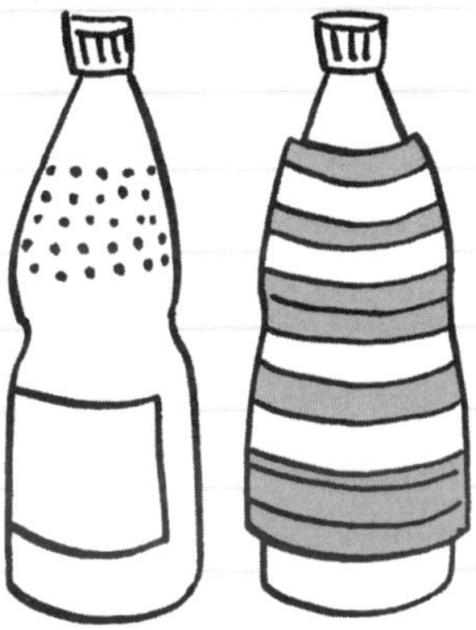

Idee 4

Schneide das Fußteil einer Socke ab. Wässre die Socke in kaltem Wasser und benutze sie an heißen Tagen als Getränkekühler.

Idee 5

Stelle einzelne Socken zu einem neuen Paar zusammen und trage Mustermix!

Idee 6

Sammle einsame Socken, fülle sie mit kleinen Geschenken und clippe sie mit Wäscheklammer an einer Schnur fest. Schreib die Zahlen auf kleine Papierchen und hefte sie dazu. Ergänze den Adventskalender mit Süßigkeiten, Gutscheinen und anderen kleinen Geschenken.

Idee 7

In der Dusche kannst du Seifensäckchen als Duschgel-Ersatz aufhängen. Stecke Seifenreste in eine Socke und binde sie mit einer Schleife zu.

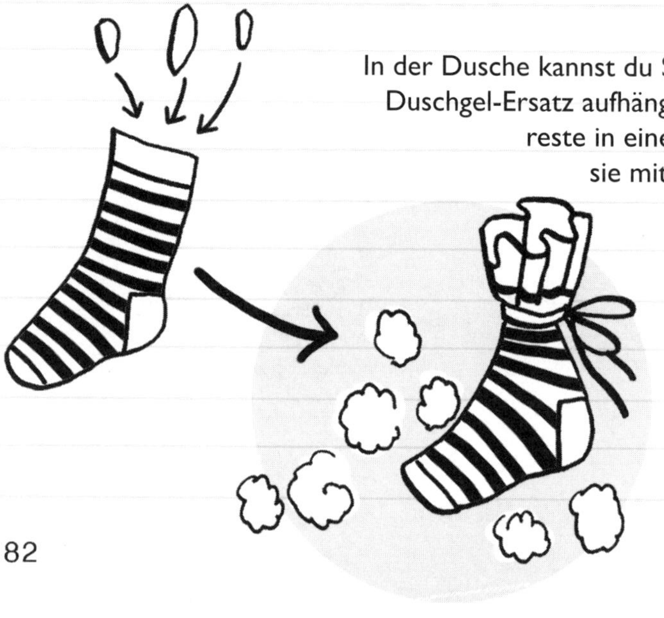

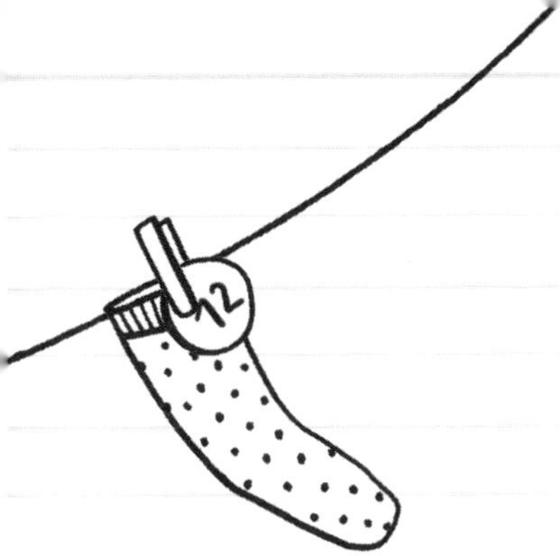

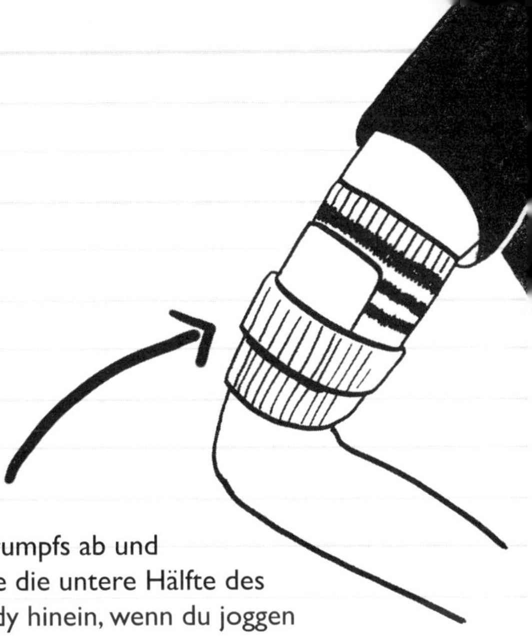

Idee 8

Schneide das Fußende eines Kniestrumpfs ab und stecke deinen Arm hindurch. Schlage die untere Hälfte des Strumpfes um und stecke dein Handy hinein, wenn du joggen gehst oder aufräumst und putzt.

Idee 9

Benutze eine Socke zum Staubwischen. Mit dem Strumpf über der Hand kommst du prima in schmale Ritzen.

Idee 10

Hast Du noch eine Idee?

Sammlungen aufbewahren

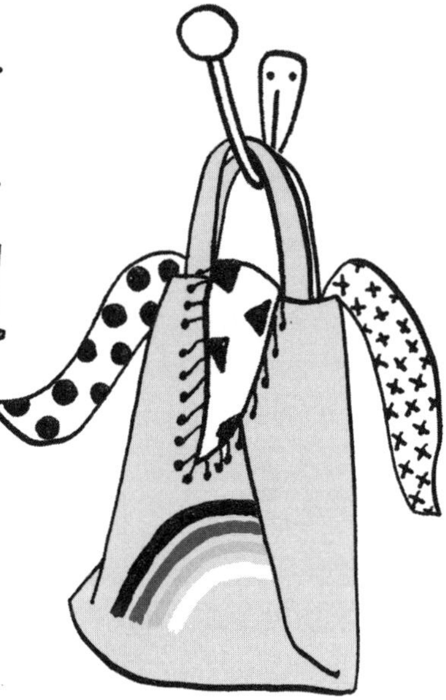

Idee 1

In der Tasche: praktisch für Dinge, die nicht gefaltet werden müssen, wie z. B. Tücher etc.

Idee 2

Im (Schraub-)Glas: praktisch für kleine Dinge, die schön anzuschauen sind, wie z. B. Muscheln, Perlen, Steine etc.

→ Gläser anmalen, S. 42

Idee 3

Im Kissenbezug: Stofftiere bekommen so ein schnelles neues Zuhause und das Kissen eine Füllung.

→ Stoff bedrucken, S. 89

Idee 4

In Kisten: Beklebe Schuh- oder andere Pappkartons mit Geschenkpapier. Beschrifte sie, damit du nicht vergisst, was du darin aufhebst.

A) mit Handlettering

B) mit Maskingtape

C) mit Geschenkpapier und Maskingtape beklebt

D) mit »Icon«, einer einfachen Abbildung

E) mit Etikett

Etikett gestalten, S.39

F) mit Stempeln

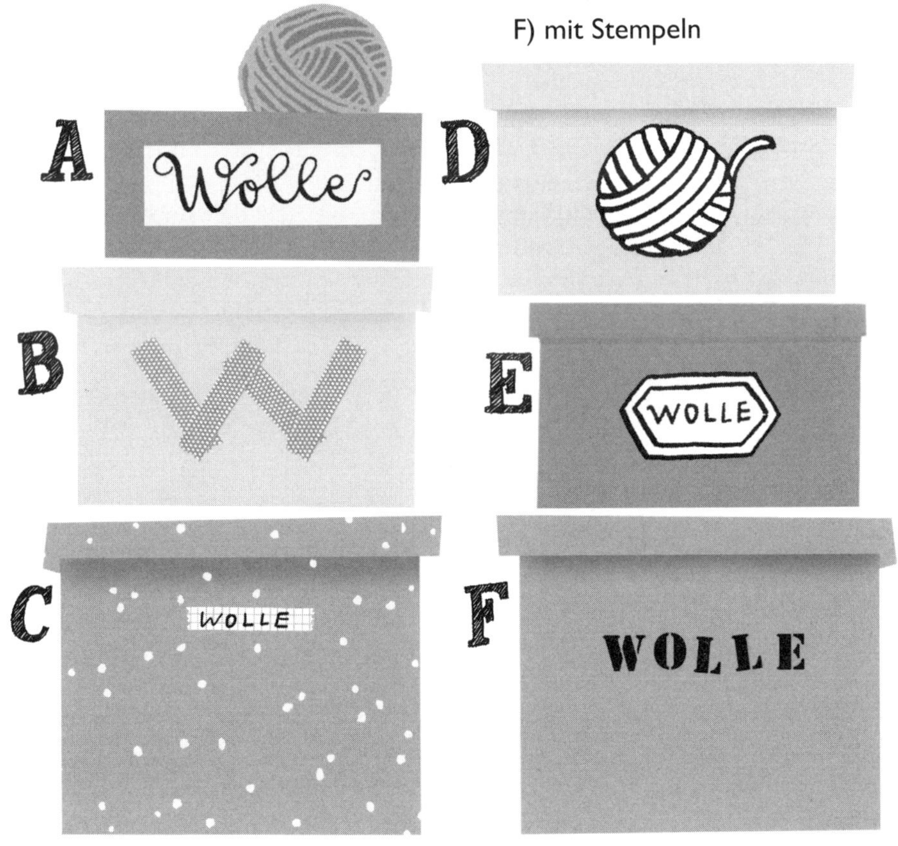

Kleingeld sammeln

Beim Aufräumen findest du hier und da Kleingeld in Schubladen und Hosentaschen? Gestalte deine eigene Spardose!

Du brauchst:
- 1 leere Schraubflasche mit großer Öffnung (z.B. von Tomatensoße)
- Acrylfarbe
- Pinsel und alte Zeitung zum Unterlegen

1. Wasche die Flasche gut aus und entferne das Etikett.
2. Grundiere die Flasche weiß. Wenn die Farbe nicht gleich deckt, lass sie gut trocknen und wiederhole das Ganze.
3. Male dann dein Motiv auf die Flasche.

Den Deckel kannst du mit
einer Krone aus Papier
schmücken.

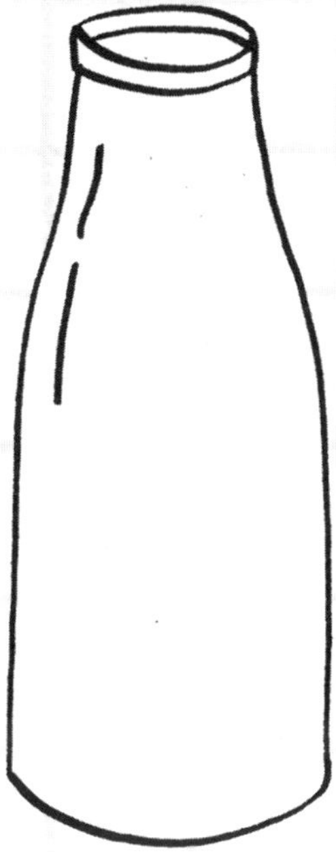

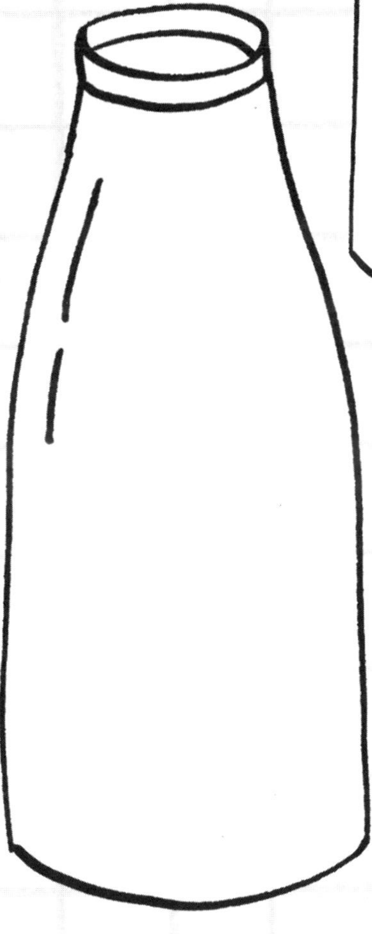

Wie sehen deine Entwürfe aus?

CHAOS WEGZAUBERN

Nicht immer geht Aufräumen so schnell, wie man es sich wünscht. Wenn du es satthast, dass jeder sehen kann, was in deinem Regal liegt, kannst du für die Übergangszeit (oder für immer) einen Vorhang davorhängen.

Du brauchst:

- Bettlaken oder Stoff in der Größe deines Regals
- Kartoffeln
- kleines Messer
- Stofffarbe
- Pinsel
- Zeitungspapier zum Unterlegen

1. Halbiere eine Kartoffel und schnitze die Form hinein, die du benötigst.
2. Lege Zeitungspapier unter die Stelle, die du bedrucken willst.
3. Streiche deinen »Stempel« mit Stofffarbe ein und drucke ihn auf den Stoff. Lass alles gut trocknen.
4. Knote eine Schnur zwischen den Regalseiten fest und clipse den Vorhang mit Wäscheklammern daran.

Idee 1
Idee 2
Idee 3
Idee 4

EIN REGAL AUFRÄUMEN

1. Räume alle Bücher aus deinem Regal.

2. Sortiere alle Bücher aus, die du bestimmt nicht noch einmal liest und die du nicht behalten möchtest. Du kannst sie z.B. tauschen, verschenken, verkaufen oder der Bibiliothek spenden.

→ Beste Reste, S.28

3. Wische die Regalbretter (nicht die Bücher) mit einem feuchten Lappen ab.

4. Entstaube deine Bücher. Am besten geht das, indem du zwei Bücher am offenen Fenster kräftig gegeneinanderklopfst.

TIPP:
Ein Stapel Bücher kann auch als Buchstütze dienen.

TIPP: Stelle die Bücher so ins Regal, dass du alle Titel lesen kannst, ohne den Kopf drehen zu müssen.

TIPP: Beschrifte die Regalbretter, wenn es dir so leichterfällt, Ordnung zu halten.

5. Sortiere deine Bücher nach Themen und stelle die Bücher, die du am häufigsten brauchst, so in das Regal, dass du sie immer in Griffweite hast.

TIPP: Schöne Buchumschläge kannst du auch mit dem Cover nach vorne in deinem Regal aufstellen.

TIPP: Dinge stauben nicht so zu, wenn du sie in Kisten packst.
→ Sammlungen aufbewahren, S. 84

Ex Libris

»Ex Libris« heißt »aus den Büchern (von…)« und ist ein in Bücher eingeklebter Zettel oder ein Stempel, auf dem der Name der Besitzer steht. Hier ist Platz für deine Ex-Libris-Entwürfe:

ex libris
Mia Müller

Alles meins!

Teilen ist toll. Und selbstverständlich sollte man Dinge verleihen – das ist ja viel besser, als wenn jeder alles für sich alleine haben will. Gerade deshalb ist es praktisch, seine Sachen zu markieren, damit man sie leicht wiederfindet.

IDEE 1 mit Nagellack

Male auf alle deine Stifte einen kleinen Punkt Nagellack.

IDEE 2 mit Maskingtape

Markiere deine Scheren und Ladekabel mit Maskingtape.

IDEE 3 mit Wollfaden

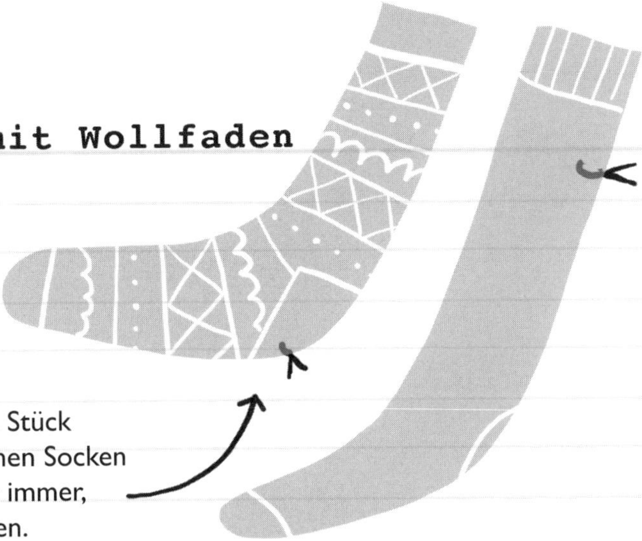

Knote ein kleines Stück Wollfaden an deinen Socken fest und du weißt immer, welche dir gehören.

IDEE 4 mit Namensschild

Male Ex Libris, schneide sie aus und klebe sie in deine Bücher.

Ex Libris, S. 92

Dinge, die verschwunden sind und die ich mal suchen müsste:

Dinge, die ich mir ausgeliehen habe und die ich zurückgeben muss:

Wer	Was	wann

Hier kannst du eintragen, wer sich etwas von dir ausgeliehen hat.

Dance and Clean

MEINE PUTZ-PLAYLIST

Mach Musik an und miste mit Schwung aus. Mit Musik macht auch Putzen Spaß, egal ob du leise summst, laut singst oder nach Herzenslust tanzt.

Der beste Song

… zur Einstimmung

→

… zum Entrümpeln

→

… zum Staubwischen

→

… zum Mitsingen

→

… für die Putzpause

→

… zum Fensterputzen

→

… zum Entrümpeln

→

… zum Chillen im aufgeräumten Zimmer

→

WORAUS BESTEHT STAUB?

Pflanzenteilchen (Pollen, Samen)

kosmischer Staub

Hautschuppen von Mensch und Tier

Reste von Spinnweben

Haare

Fasern und Fusseln von Kleidung und Möbeln

Straßen-abrieb

Wüstensand

tote und lebende Milben und Kleinst-lebewesen

Feinstaub

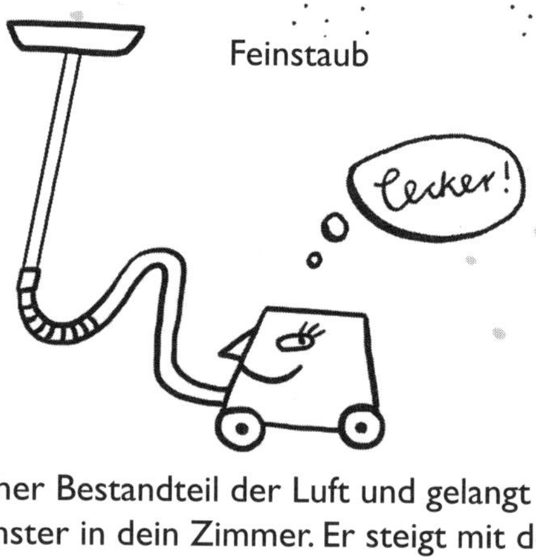

Staub ist ein natürlicher Bestandteil der Luft und gelangt durch das geöffnete Fenster in dein Zimmer. Er steigt mit der warmen Luft in der Mitte des Zimmers nach oben und sinkt mit der kühleren Luft in Wandnähe wieder herab. Deshalb sind Bücherregale und Bilderrahmen staubiger als Möbel in der Mitte des Raumes.

Staubmäuse

Wenn ein Luftzug über eine verstaubte Fläche weht, werden kleine Flocken abgelöst, die zu immer größeren Ballen zusammentreiben. Besonders unter Betten gibt es große freie Flächen, auf denen Staub durch den flachen Luftzug zusammengeweht wird.

Im Deutschen werden diese Ballen meistens Staubmäuse genannt. Kennst du noch andere Wörter dafür?

....

....

Mein ~~Haustierzoo~~ Staubtierzoo

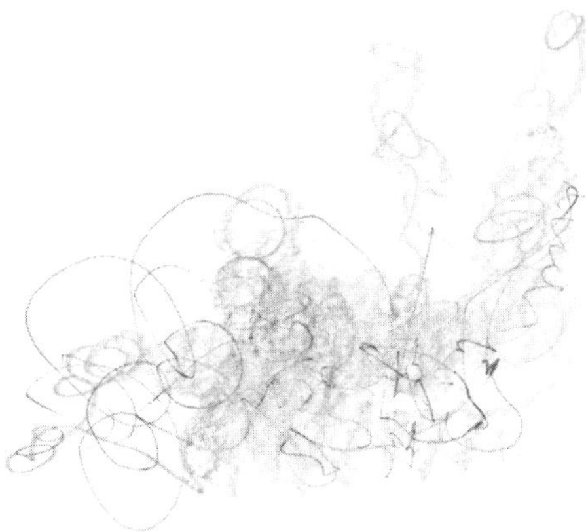

Hybelkanin
»Wohnungskaninchen«
(Norwegen)

Dust Puppy
»Staubhündchen«
(England)

Dust Bunny
»Staubhäschen«
(USA)

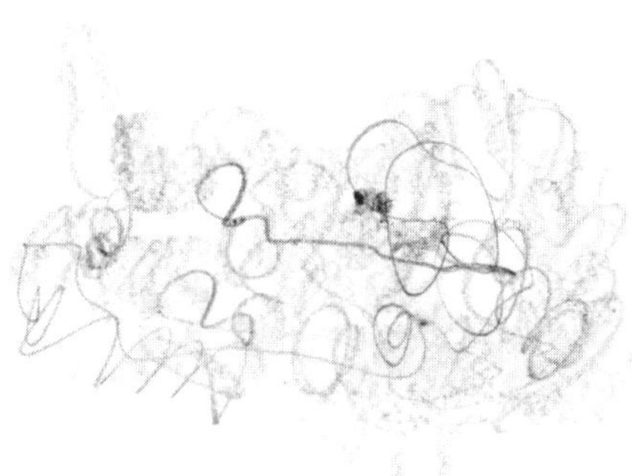

Villakoira
»Wollhund«
(Finnland)

SCHÖNE FENSTER

Die Scheiben deiner Fenster und Spiegel kannst du mit einem Kreidemarker verzieren. Diese Spezialstifte schreiben mit flüssiger Kreide und können einfach mit einem feuchten Tuch weggewischt werden. Du kannst dein Motiv auf Papier vormalen und als »Schablone« mit Tesa hinter die Scheibe kleben, um es mit dem Kreidestift nachzuzeichnen. Vorher musst du dein Fenster jedoch putzen.

Putze dein Fenster nie bei direkter Sonneneinstrahlung. Das Putzwasser trocknet sonst zu schnell und hinterlässt Streifen an der Scheibe.

Fenster putzen

Du brauchst:
- einen Eimer Wasser
- einen Putzlappen
- Zeitungspapier (keine Zeitschriften)

Leg ein altes Handtuch unter, damit das Putzwasser nicht auf das Fensterbrett oder den Boden tropft.
Wasche die Fensterscheiben mit einem nassen Lappen und reichlich klarem Wasser ab. Trockne und poliere die Fensterscheiben anschließend mit zusammengeknülltem Zeitungspapier.

IDEEN für deine Fenster und Spiegel

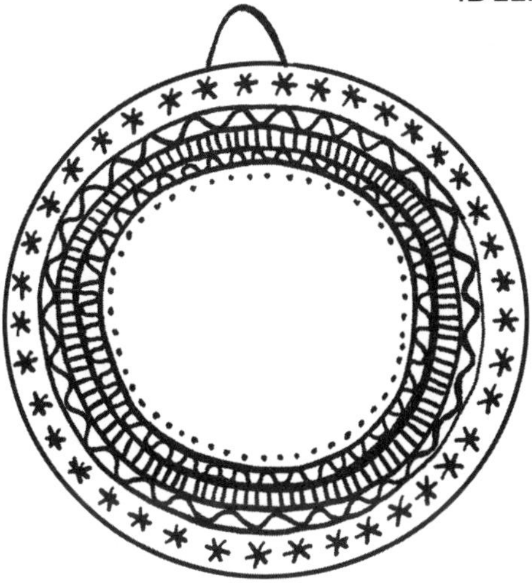

Hier ist Platz für
deinen Entwurf:

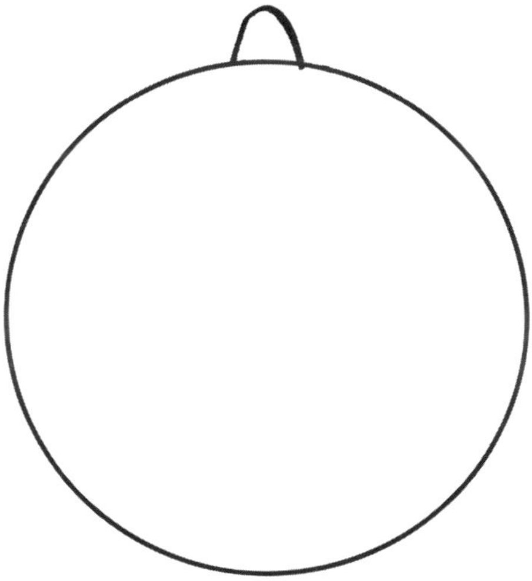

oh hello

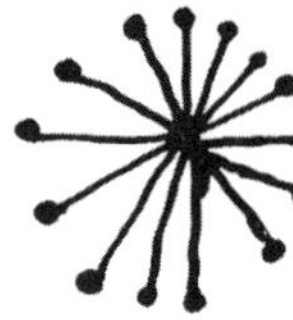

Wie würdest du dein Fenster oder deinen Spiegel gestalten?
Hier ist Platz für deine Skizzen.

FRISCHE LUFT

Lufterfrischer aus dem Supermarkt riechen meist künstlich und enthalten eine Menge Chemie. Dabei kannst du Raumduft ganz leicht selber herstellen.

Idee 1 IN DER FLASCHE

Du brauchst:

- kleine Flasche mit engem Flaschenhals
- ca. 8 Schaschlikspieße aus Holz
- 200 ml geruchsneutrales Pflanzenöl, z. B. Sonnenblumenöl
- 10–15 Tropfen ätherisches Duftöl nach Wahl, z. B. Orange oder Lavendel

1. Gieße das Pflanzenöl in dein Fläschchen.
2. Gib das Duftöl tropfenweise hinzu, denn der Geruch ist recht stark. Du kannst später immer noch mehr Duftöl hinzugeben.
3. Tauch die Stäbchen in deine Mischung ein, drehe sie um und stelle sie nun mit dem anderen Ende in das Fläschchen. Der Duft verteilt sich nun im Raum.

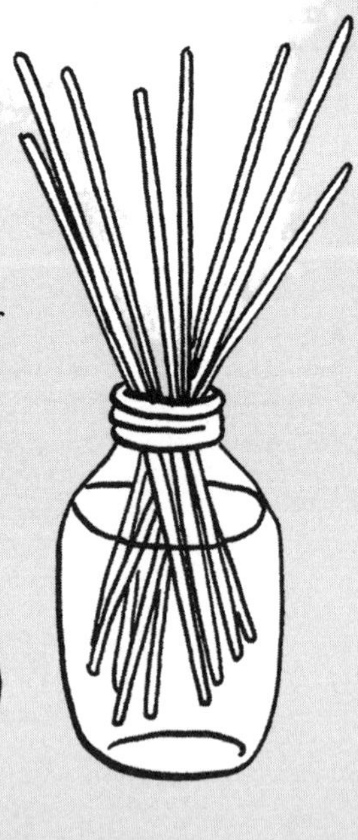

Idee 2 IM GLAS

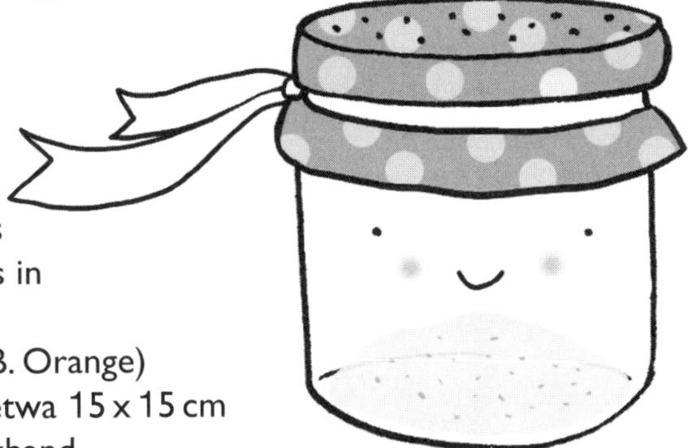

Du brauchst:

– ein leeres Marmeladenglas
– 100–150 g Natron (gibt es in der Backabteilung)
– 10–20 Tropfen Duftöl (z. B. Orange)
– ein Stück Baumwollstoff, etwa 15 x 15 cm
– Gummiring und Geschenkband

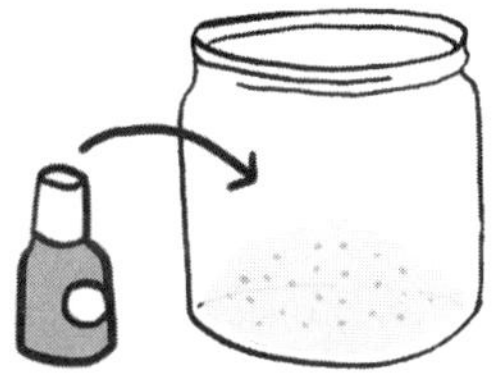

1. Spüle das Glas gut aus, entferne das Etikett und trockne es gründlich ab.
2. Fülle das Natron in das Glas.
3. Gib das Öl tropfenweise hinzu.
4. Mische alles gut durch.
5. Lege den Deckel auf den Stoff und schneide diesen mit einem etwa 5 cm größeren Durchmesser aus. Lege den Stoff über das Glas und fixiere ihn mit einem Gummiring. Binde dann das Geschenkband darum und pikse mit der Nadel ein paar Löcher oben in den Stoff.

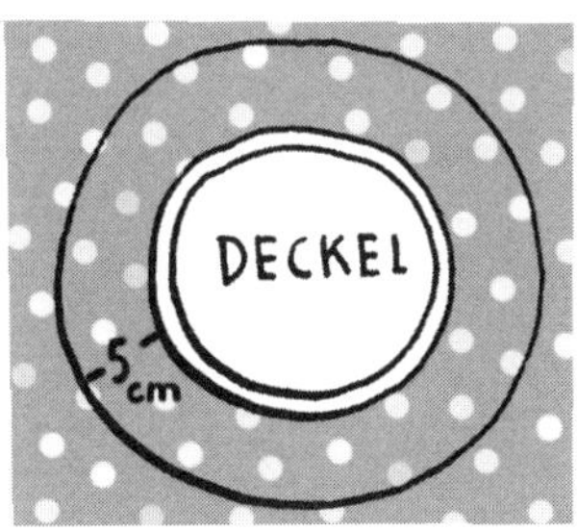

Wenn die Wirkung des Lufterfrischers nachlässt, schüttel das Glas sachte, rühre den Inhalt mit einem Löffel um oder gib noch ein paar Tropfen Duftöl hinzu.

Schlafen wie auf Wolke 7

In deinem Bett verbringst du mehr Zeit als an allen anderen Orten. Räume weg, was du nicht zum Schlafen brauchst, und mach es dir gemütlich!

1. Lavendelsäckchen für entspannten Schlaf → S.78
2. ein schön geschriebenes Motto → S.62
3. deine Lieblingsfotos → S.56
4. viele schöne Kissen, vielleicht sogar eins, das du selber bedruckst? → S.88
5. eine Lichterkette (oder zwei?) → S.112
6. ein Tagebuch oder ein Buch, um deine Träume zu notieren → S.38
7. und was du sonst noch brauchst: Wärmflasche, Schlafmaske, Buch (und ein Wecker zum Aufwachen?) + 1 Katze ♡

1
2
Besser glücklich als PERFEKT
3
4
5
6
7

STIMMUNGSVOLLES LICHT

Idee 1 eine Flasche Licht

Du brauchst:

– 1 leere Flasche mit weitem Hals
– LED-Lichterkette mit Batterie

Spüle die Flasche aus,
lass sie gut trocknen und
stecke das Licht hinein.

Durch die Spiegelung des
Glases leuchtet das Licht
besonders schön und hell.

Idee 2 Licht im Schuhkarton

Du brauchst:
- 1 leeren Schuhkarton
- Acrylfarbe und Pinsel
- spitze Schere
- LED-Lichterkette mit 10 Lichtern und Batterie

Male den Schuhkarton an und lass ihn gut trocknen. Zeichne ein Herz auf und markiere darauf zehn Punkte.

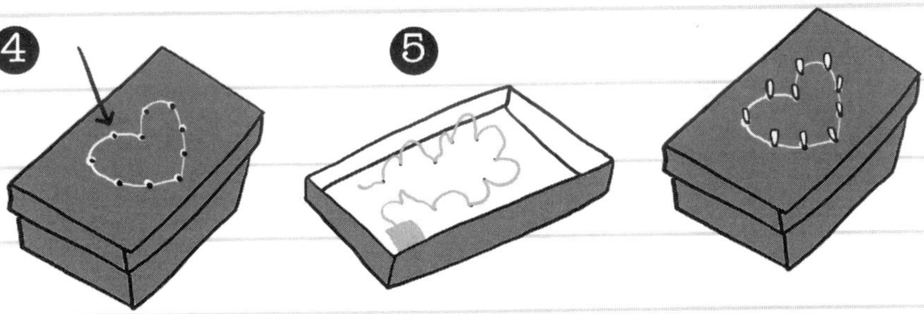

Stich mit einer spitzen Schere durch die Punkte und stecke die Lämpchen der Lichterkette von hinten hindurch. Schalte sie an und schließe den Karton. Fertig!

Wie sieht dein Traumzimmer aus?

So bleibt dein Zimmer aufgeräumt

Morgens und abends überlegst du sicherlich nicht lange, ob du deine Zähne putzt. Das kommt daher, dass dies zur Routine geworden ist und du es tust, ohne darüber nachzudenken. Bis eine neue Gewohnheit sich in deinem Gehirn verankert hat, dauert es etwa 2 Monate. So lange musst du diszipliniert gegen deinen inneren Schweinehund ankämpfen. Danach wird es von Tag zu Tag einfacher.

Besonders wichtig ist es allerdings, dass du diese neue Gewohnheit regelmäßig durchführst. Lässt du dazwischen immer wieder Tage aus, dauert es wesentlich länger, bis etwas zur Routine wird.

TRICK:

Für Aufgaben, die immer wieder erledigt werden müssen, kannst du dir eine Erinnerungstafel basteln, bei der die Aufgaben auf Wäscheklammern stehen. Was erledigt wurde, wechselt die Seite und steht auf dem Kopf. Am Ende drehst du die Pappe um und es geht von vorne los.

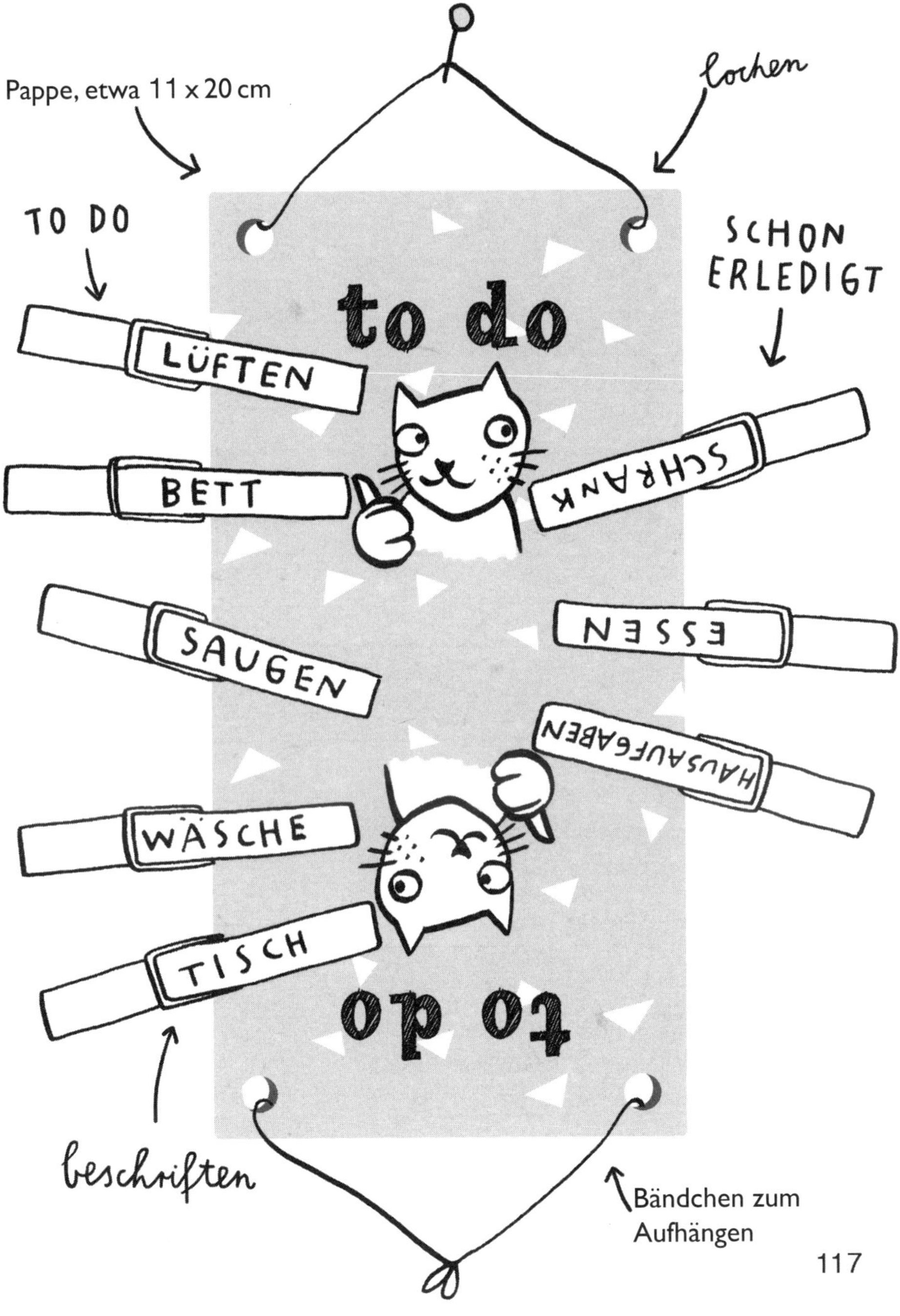
Pappe, etwa 11 x 20 cm
lochen
TO DO
SCHON ERLEDIGT
to do
LÜFTEN
BETT
SCHRANK
SAUGEN
ESSEN
HAUSAUFGABEN
WÄSCHE
TISCH
to do
beschriften
Bändchen zum Aufhängen

to do :

Gestalte deine eigene To-do-Liste.

Nie mehr Chaos

Mit diesen Tricks fällt es dir leichter, den inneren Schweinehund zu überwinden und spielerisch für Ordnung zu sorgen.
Hast du noch mehr Ideen?

Der Wecker-Trick

Überlege dir, wo du aufräumen willst, und schätze den Zeitaufwand dafür. Ziehe ein paar Minuten ab. Stelle dir nun einen Wecker auf die Uhrzeit, zu der du fertig sein willst.

Dann geht's los:
Schaffst du es, dich selber zu besiegen und vor dem Klingeln fertig zu sein?

→ Playlist, S. 98

Jedes Los ein Treffer!

Schreibe alles, was aufgeräumt werden muss, auf kleine Zettel, falte sie zusammen und stecke sie in ein Glas. Immer, wenn du Zeit hast, kannst du einen Zettel ziehen und erledigen, was darauf steht.

Belohne dich!

Nach getaner Arbeit kannst du stolz auf dich sein! Denk dir schon vorher eine schöne Belohnung aus und bewundere dein Werk. So wird das regelmäßige Aufräumen und Ausmisten einfach und angenehm.

Was wäre eine schöne Belohnung für dich?

Mit einem Blumenstrauß oder blühenden Pflanzen sieht jeder Ort gleich schöner aus. Zeichne hier deine Lieblingsblumen!

Silke Schmidt, geboren 1973 im Siegerland, studierte zuerst Literaturwissenschaft in Mainz und Edinburgh, danach Bildende Kunst an der Universität der Künste in Berlin. Seit ihrem Meisterschülerabschluss arbeitet sie als Künstlerin und als Illustratorin für verschiedene Zeitschriften, Verlage und Organisationen. Inzwischen lebt Silke Schmidt mit ihrem Mann, ihren beiden Töchtern und einer stetig wachsenden Anzahl von Tieren in der Uckermark nördlich von Berlin.

Von Silke Schmidt sind bei dtv junior außerdem lieferbar:

Ferien zum Selbermachen

Weihnachten zum Selbermachen

Engel zum Selbermachen

Lass uns was zusammen machen

Pflanz dich glücklich

Ausführliche Informationen über unsere Autorinnen und Autoren und ihre Bücher finden Sie unter www.dtv.de

MIX
Papier aus verantwortungsvollen Quellen
FSC® C019821
www.fsc.org

Originalausgabe

Umschlagbild und -gestaltung: Silke Schmidt
Innenillustrationen und -gestaltung: Silke Schmidt
Satz: Fotosatz Amann, Memmingen
Druck und Bindung: Druckerei C.H.Beck, Nördlingen
Printed in Germany · ISBN 978-3-423-71877-6

NOBODY'S PERFECT